AF627181

Detlev Ueter

ulmer

LAMM UND ZICKLEIN

Warenkunde, Küchenpraxis und Rezepte

NOSE TO TAIL

DAS STECKT IM BUCH

GUTE GRÜNDE FÜR SCHAF UND ZIEGE

Während meiner langjährigen Arbeit in der Spitzengastronomie habe ich schon viel Lamm- und Zickleinfleisch verarbeitet, jedoch keine älteren Schafe oder Ziegen. Aus unterschiedlichsten Regionen der Welt lag das Fleisch auf meinem Küchentisch, aber meist nur Keule, Rücken und Schulter. Vor Jahren hatte ich schon die Idee, das Tier auch ganz zu verarbeiten, denn ein Schaf oder eine Ziege hat mehr zu bieten als Rücken und Keule. Deutschland besitzt eine beeindruckende Vielfalt an Rassen, die zu den besten der Welt zählen. Ich bevorzuge auch deswegen regionale Produkte, damit ich sehen kann wie die Tiere heranwachsen und was sie fressen. In unterschiedlichen Lebensräumen gibt es ca. 50 verschiedene Schaf- und 20 verschiedene Ziegenrassen, die von den Schäfern gehegt und gepflegt werden. Diese Tiere sind für Naturschutz und Landschaftspflege enorm wichtig. Die einzelnen Rassen haben sich ideal an die unterschiedlichsten Regionen angepasst, können jeweils in ihrem Umfeld am besten gehalten werden und finden dort das passende Futter. Das ganze Jahr sind die Tiere in der Natur, ernähren sich von Gräsern und Kräutern und sind in der Landschaftspflege nicht mehr wegzudenken. Sie hinterlassen eine kurze Grasnarbe – die oberste Bodenschicht dicht überziehende und durchziehende Pflanzendecke, die sich durch die Verwachsung von Gräsern, Klee und verschiedenen Kräuterarten bildet – und sind darüber hinaus für die Verbreitung verschiedener Pflanzen zuständig. Pflanzensamen verfangen sich im Fell und werden andernorts wieder ausgesät. Zudem sind Schaf und Ziege, wenn sie zusammen gehalten werden, ein super Team, denn das Schaf frisst Kräuter und niedrige Pflanzen und die Ziege hilft dabei, die Gehölze und festes Grün zu entsorgen.

Gut und gesund

In letzter Zeit bekommen Schaf und Ziege eine immer größere Bedeutung für den Fleischmarkt. Regional und nicht aus Massentierhaltung soll das Fleisch sein. Und Schaf und Ziege spenden uns gleich in mehrfacher Hinsicht Nutzen: Sie haben Wolle, die zu Textilien verarbeitet wird, sie geben Milch für charaktervollen Käse und liefern wertvolles Fleisch zum Grillen und Braten sowie für Wurst und Schinken. Manch einer denkt, dass man für die Zubereitung von Lammfleisch mehr Erfahrung benötigt als für Rind oder Schwein. Ich kann Sie beruhigen, denn Fleisch von Lamm oder Zicklein ist nicht schwieriger zuzubereiten als anderes Fleisch!
Käse und Fleisch von Schaf und Ziege sind in der Regel frei von antibiotischen Rückständen, denn die Tiere können sich bei natürlichem Ursprung in einem unbelasteten Umfeld entwickeln. Dabei pflegen Schaf und Ziege ganz nebenbei die Kulturlandschaft. Für diese Arbeit belohnen uns die Schäfer mit einem aromenreichen und saftigen Fleisch. Ein Dank gebührt auch den Wanderschäfern, die bei gutem und schlechtem Wetter die „lebenden Rasenmäher“ hüten.

Nicht die Rasse bestimmt den Geschmack

Gerade wegen der Artenvielfalt und des Naturschutzes ist es so wichtig, dass die unterschiedlichen Schafrassen erhalten bleiben. Allerdings ist die Rasse nur bedingt für den spezifischen Geschmack verantwortlich. Das Terroir, also der Ort, wo das Tier aufwächst sowie sein Futter entscheiden viel mehr über Geschmack und Qualität des Fleisches.

Schafe und Ziegen sind sehr gute Nahrungsverwerter und können selbst in karger Umgebung das Futter sehr gut umsetzen. In manchen Regionen ernähren sie sich von sonnenliebenden aromatischen Kräutern, die an Berghängen oder im Gebüsch wachsen. Also an Orten, die wir kaum kultivieren können und wo die Natur uneingeschränkt regiert. Oder sie grasen auf saftigen Salzwiesen und bewegen sich wenig. Diese beiden Haltungsmethoden führen auch zu etwas unterschiedlichen Ergebnissen. Welches Fleisch das bessere ist? Das lässt sich nicht pauschalisieren. Es kommt immer darauf an, wo das Tier aufgewachsen ist und was es gefressen hat. Viele Schafe stehen selbst im Winter auf der Wiese, fressen das verbliebene Gras von der Wiese und können sich frei bewegen. Nur zum Lammen kommen sie in den Stall und werden mit Heu zugefüttert. Übrigens: Schaf- und Ziegenfleisch muss nicht zwingendermaßen aufdringlich riechen! Das Vorurteil, dass Schaf und Ziege immer einen starken Eigengeruch haben, hat sich für mich nicht bestätigt. Ich finde eher, dass ältere Tiere (Schlachtalter vier Jahre) mehr Charakter im Geschmack aufweisen und es sich nicht nur deshalb lohnt, diese zu schlachten und zu garen. Das Fleisch reifen zu lassen und sanft zu garen lohnt sich!

Durch das Verarbeiten älterer Tiere kann man außerdem auch einen wichtigen Beitrag für den Tierschutz leisten. Denn ältere Tiere werden schwerer, und dadurch müssen weniger junge Tiere geschlachtet werden. Man sollte diesem Fleisch aber auch etwas mehr Zeit bei der Reifung und beim Garen geben. Dadurch ist es bei manchen Zubereitungsarten etwas anspruchsvoller, da es eventuell eingelegt werden sollte oder die Garzeit länger ausfällt. Aber Sie werden es nicht bereuen, denn so ein Fleischstück hat Charakter, und es besticht durch seinen natürlichen Geschmack.

From nose to tail

Der ganzheitliche Ansatz zum Verarbeiten des kompletten Tieres war und ist für mich eine Grundvoraussetzung. Deshalb gehen wir in diesem Buch auch auf viele Innereien und auf die weniger nachgefragten Teilstücke (auch als „Second Cuts“ bezeichnet) ein. Fragen Sie Ihren Metzger oder Lammlieferanten danach, damit die Nachfrage an ihnen steigt. Falls Sie in Ihrer Region keine Schafzüchter finden, können Sie auch unter www.genuss-vom-schaefer.de oder bei Slowfood (www.slowfood.de) nachschauen. Bei herkömmlichen Metzgern bekommt man häufig nur die Edelteile der Tiere. Doch gerade die Innereien und die Second Cuts aus den Fleischteilen können mithilfe verschiedener Garverfahren ein besonderes Kocherlebnis werden. Für die Nachhaltigkeit und das Wohl der Tiere spricht auch die achtsame und schonende Schlachtung, die häufig beim Schäfer auf dem Hof oder in der Nähe der Schäferei stattfindet. Dies erspart den Tieren einen langen Transport, und sie werden vor dem Schlachten sorgsam und schonend behandelt. Leider gibt es in Deutschland und in anderen Ländern auch eine andere Aufzucht von Schafen. Die intensive Tierhaltung bzw. Massentierhaltung kostet weniger und das Tier und der Naturschutz stehen nicht im Vordergrund. Häufig kommt das Lammfleisch im Einzelhandel auch vom anderen Ende der Welt. Dort kann erheblich billiger produziert werden. Allerdings pflegen die Schafe dann auch die dortige Landschaft und nicht die unsere. Wir möchten in diesem Buch eine Lanze für die Nachhaltigkeit brechen und Ihnen natürliches Lamm- und Ziegenfleisch aus der Region ans Herz legen.

Garen Sie Ihr Fleisch auch einmal anders, und seien Sie mutiger beim Würzen und Zusammenstellen Ihrer Gerichte – Stichwort Foodpairing, die Wissenschaft der Aromen. Wir geben Ihnen hierzu im Buch immer wieder Denkanstöße, aber lassen Sie sich auch nicht davon abhalten, Ihre eigenen Kreationen zu verfolgen. Mir hat mal ein Freund und ehemaliger Chef gesagt: „Grenzen gibt es nur bei uns im Kopf!“ Und da hat er sicherlich Recht. In diesem Sinne wünsche Ich Ihnen viel Spaß beim Nachkochen der Rezepte und bei neuen Geschmackserlebnissen – auch mit den Zweitschnitten von Schaf und Ziege, die etwas größer ausfallen als von Lamm und Zicklein.

LIEBE LESERINNEN UND LESER,

Das schönste beim Kochen ist der Moment, wenn das köstliche Essen auf den Tisch kommt und die Vorfreude auf den Genuss für Familie und Gäste ein kulinarisches Gesicht erhält. Das gilt vor allem dann, wenn der Koch etwas Besonderes zaubert – und Lamm- und Zickleinfleisch sind für viele Menschen genau das: etwas Besonderes. Nicht nur weil es in der deutschen Küche viel zu selten auf den Tisch kommt, sondern vor allem weil Lamm- und Zickleinfleisch bei den meisten Menschen für Natur und grüne Wiesen stehen.
Als Redakteurin der Fachzeitschrift Schafzucht beschäftige ich mich jeden Tag mit Schafen und Ziegen – wie sie leben, was sie fressen. Fakt ist: Kaum eine andere Nutztierart wird so naturverbunden und artgerecht aufgezogen wie Schafe und Ziegen, nämlich auf der Weide. Dieses Argument zählt auch in meiner Küche! Ich koche gern, und Lammfleisch gehört genau aus diesem Grund zu den Top 10 in unserer Familie.
Daher freue ich mich sehr über dieses Kochbuch, das in den Zeitgeist passt und die kritischen Anforderungen moderner Köche und Genießer erfüllt. Es inspiriert mit tollen Rezeptideen und berücksichtigt dabei – für viele Köche nicht alltäglich – die ganzheitliche Verwertung „from nose to tail“. Außerdem eignet sich Lamm- und Zickleinfleisch sowohl für den alltäglichen Genuss, als auch für kulinarische Ausflüge in andere Länder, denn dieses Fleisch ist in vielen Küchen unserer Erde zu Hause. Das Buch ist perfekt dazu geeignet, die nicht alltäglichen Seiten von Lamm- und Zickleinfleisch kennenzulernen.
Lamm- und Zickleinfleisch gehört allerdings nicht in jeder Fleischtheke zum Standardsortiment. Deswegen spielt die Direktvermarktung hier eine sehr wichtige Rolle. Der Vorteil dieser regionalen Vermarktungsform ist der persönliche Kontakt zwischen Ihnen als Kunde und „Ihrem“ Erzeuger. Dies schafft ein großes Vertrauen in das Produkt Fleisch, und Sie kaufen und kochen mit einem guten Gefühl. Informationen darüber, wo Sie welche Produkte kaufen können, geben die Vereinigung Deutscher Landesschafzuchtverbände und der Bundesverband Deutscher Ziegenzüchter sowie die Landwirtschaftskammern.
Ich wünsche mir, dass dieses Buch dazu beiträgt, Lamm- und Zickleinfleisch öfter auch in Ihre Küche zu bringen. Damit leisten wir einen positiven Beitrag zur naturnahen Haltung von Schafen und Ziegen ganz nach dem Motto der Schaf- und Ziegenhalter: „Wir pflegen die Landschaft, die Sie lieben!“

Viel Spaß beim Kochen und Genießen wünscht Ihnen

Frauke Muth
Redakteurin der Zeitschrift Schafzucht – Magazin für Schaf- und Ziegenfreunde

Keule
mit
Haxe
Sattel
Bauch

WARENKUNDE UND KÜCHENPRAXIS

VERSCHIEDENE SCHAF- UND ZIEGENRASSEN

MERINO-RASSEN

Herkunft: Die Rasse, die sich weltweit am meisten durchgesetzt hat und die stärkste Verbreitung besitzt.
Haltung: Universales Schaf mit guten Eigenschaft bei unterschiedlichen Haltungen.
Fettanteile: Das Merinoschaf bietet eine gute Fleischausbeute und besitzt ebenfalls ein sehr gutes Verhältnis von Knochen zu Fleisch.
Besonderheiten: Das widerstandsfähige, robuste Schaf punktet auch bei der Lammfleischerzeugung. Das Tier ist für Schäfer sehr wirtschaftlich.
Sonstige Merkmale: Es wird sowohl wegen der Wolle als auch wegen seines Fleisches sehr geschätzt.

TEXELSCHAF

Herkunft: Ursprünglich von der niederländischen Insel Texel stammend, hat sich das Schaf auch in Deutschland mittlerweile sehr weit verbreitet. Das liegt sicherlich neben den angenehmen Charakterzügen auch am Zuchtverhalten.
Haltung: Das Texelschaf fühlt sich auf allen grünen Wiesen wohl.
Fettanteile: Gerade die Mischung aus extremer Fleischigkeit und geringem Fettanteil macht das Fleisch in der heutigen Zeit sehr beliebt.
Besonderheiten: Das mittelgroße bis große Fleischschaf nimmt schnell und beständig an Gewicht zu.
Sonstige Merkmale: Rund 50 % der Rohwolle stehen nach dem Scheren, Waschen und Spinnen zur Verarbeitung zur Verfügung.

BENTHEIMER LANDSCHAF

Herkunft: Ursprünglich in Niedersachsen verbreitet und entstanden durch eine Kreuzung von schlichtwolligen Marschschaf mit dem holländischen Heideschaf. Sie sind gut erkennbar an der schwarzen Zeichnung um den Augen und am fast bodenlangen bewollten Schwanz.
Haltung: Das anspruchslose, marschfähige Landschaf besitzt widerstandsfähige Eigenschaften, kommt auch mit anspruchslosem Futter gut durch und ist dadurch bei vielen Wanderschäfern sehr beliebt.
Fettanteile: Durch seine natürliche Größe hat das Bentheimer Landschaf ein hohes Schlachtgewicht mit mittlerem Fettanteil.
Besonderheiten: Zeichnet sich durch beste Muttereigenschaften und Säugeleistung aus.
Sonstige Merkmale: Das hornlose Landschaf besitzt eine schlichte Wolle und ist rein weiß.

GRAUE GEHÖRNTE HEIDSCHNUCKE

Herkunft: Sie gehört zur Gruppe der kurzschwänzigen, nordischen Heideschafe und ist ein mischwolliges Landschaf, das sich den besonderen Verhältnissen der Heidelandschaft angepasst hat.
Haltung: Fühlt sich auf nicht intensiven Grünlandflächen wohl. Sowohl Hüte- als auch Koppelhaltung ist möglich.
Fettanteile: Die wertvollen Teilstücke sind häufig sehr gut ausgebildet und liefern ein wildbretartiges, fettarmes Fleisch.
Besonderheiten: Das Schaf neigt von Natur aus zu Mehrlingsgeburten und ist in der Lage, mehrere Lämmer aufzuziehen.
Sonstige Merkmale: Die Heidschnucke verdaut auch stark holziges Futter und ist deshalb für den Naturschutz auf Heideflächen nicht wegzudenken.

SCHWARZKÖPFIGES FLEISCHSCHAF

Herkunft: Die zweitstärkste Rasse nach dem Merino in Deutschland basiert im Wesentlichen auf englischen Fleischrassen, die nach Deutschland eingeführt und eingekreuzt wurden.
Haltung: Gute Eignung bei der Hüte- und Koppelhaltung auf fettigem Grünland.
Fettanteile: Liefert gute Schlachtkörperqualitäten durch ausgeprägte Fleischpartien mit langem Rücken und mittlerer Fettverteilung.
Besonderheiten: Neben der tollen Fleischqualität sind gerade die Widerstandsfähigkeit, Weide-, Marsch- und Pferchfähigkeit von großer Bedeutung.
Sonstige Merkmale: Die Lämmer erreichen relativ früh ihr Schlachtgewicht und sind dadurch auch wirtschaftlich sehr interessant.

RHÖNSCHAF

Herkunft: Eines der ältesten deutschen Schafrassen, die mindestens seit dem 16. Jahrhundert vorzugsweise in den hessischen und bayerischen Mittelgebirgen sowie der Thüringer Rhön beheimatet ist. Das mittelgroße Landschaf ist gut an seinem unbewollten schwarzen Kopf erkennbar.
Haltung: Ein anspruchsloses, widerstandsfähige, marsch- und pferchfähiges Schaf für die Landschaftspflege in besonders rauen Mittelgebirgen.
Fettanteile: Gutes Fleisch-/Fettverhältnis mit würzig zartem Fleisch.
Besonderheiten: Sehr widerstandsfähig bei feucht-kalter Witterung, große Fruchtbarkeit.
Sonstige Merkmale: Schon zu Napoleonszeiten war das Rhönschaf in Frankreich wegen seiner Fleischqualität als „mouton de la reine" (Schaf der Königin) berühmt.

COBURGER FUCHSSCHAF

Herkunft: Das Coburger Fuchsschaf wurde 1966 als Rasse anerkannt und war schon zuvor gerade in Mittelgebirgsregionen als Landschafsrasse beliebt. Mittlerweile steigt auch die Population dieser Schafrasse, die vor gut 25 Jahren noch vom Aussterben bedroht war.
Haltung: Das robuste Tier kann das ganze Jahr draußen gehalten werden und liebt trockene Weiden.
Fettanteile: Im Fleischanteil zählt es eher zu den etwas fettärmeren Tieren.
Besonderheiten: Die Klauen der Coburger Fuchsschafe sind sehr widerstandsfähig. Sie brauchen deshalb wenig Pflege.
Sonstige Merkmale: Die bodenständige Rasse mit dem rotbraunen Fell gilt als edel und ist wirtschaftlich interessant.

MUFFLON

Herkunft: Die standorttreuen Wildschafe gibt es in verschiedenen Regionen in Deutschland. Ob das Mufflon schon vor dem Hausschaf existierte oder umgekehrt, ist strittig.
Haltung: Eigentlich nur in der Natur vorhanden. Mufflons werden häufig mit den Kamerun-Schafen verwechselt.
Fettanteile: Mageres Fleisch mit wenig Fett.
Besonderheiten: Gerade das wilde Aroma, gepaart mit Lammgeschmack, ergibt eine äußerst geschmackvolle Verbindung.
Sonstige Merkmale: Ein Mufflon gilt als Herausforderung beim Kochen. Es lässt sich nicht so einfach garen wie ein Lamm. Es sollte vor allem gut abgehangen sein, dann lässt es sich ähnlich garen wie Schaffleisch. Die Widder stoßen nur in der Paarungszeit zu den weiblichen Tieren. Ansonsten sind sie Einzelgänger.

BURENZIEGE

Herkunft: Die aus Südafrika stammende Ziege ist aus der Hottentottenziege hervorgegangen.
Haltung: Die Ziegen werden gerne für die Landschaftspflege eingesetzt, da sie wenig Milch geben und nicht gemolken werden müssen.
Fettanteile: Mageres Fleisch mit wenig Fett.
Besonderheiten: Die Fleischziegen wurden häufig für südeuropäische Gastarbeiter gezüchtet.
Sonstige Merkmale: Man erkennt die Burenziege sehr gut an ihrem rotbraunen Kopf, den hängenden Ohren und ihrem weißen Körperfell.

WALLISER SCHWARZHALSZIEGE

Herkunft: Die als Zweinutzungsrasse bekannte Ziege stammt aus dem Schweizer Kanton Wallis und zählt zu den ältesten Haustierrassen.
Haltung: Die wählerische Ziege bevorzugt Büsche, Rinde und magere Nahrung und fühlt sich im schwierigen Gelände sehr wohl.
Fettanteile: Mageres Fleisch mit wenig Fett.
Besonderheiten: Die sehr leistungsfähige Mastrasse mit geradem Rücken und muskulösen Keulen ist auch in der Milchproduktion sehr wirtschaftlich.
Sonstige Merkmale: Die robuste und widerstandsfähige Ziege ist im vorderen Bereich dunkel und im hinteren Bereich weiß behaart.

Weitere Informationen und Rassenporträts aus unserer Fachzeitschrift „Schafzucht“ finden Sie auf www.schafzucht-online.de unter dem **Webcode 3785.**

FLEISCHREIFUNG UND -KLASSIFIZIERUNG

Bevor das Fleisch in die Pfanne oder den Topf kommt, sollten wir dem Fleisch die Chance geben, ordentlich zu reifen. Nachdem die Tiere in der Natur sorgenfrei und natürlich groß geworden sind, ist es selbstverständlich, dass eine achtsame Schlachtung eine große Rolle bei der Qualität spielt. Viele heimische Schäfer schlachten selbst auf dem Hof oder beim Metzger in der Nähe. Dadurch sind die Tiere kaum Stress ausgesetzt und werden in Ruhe geschlachtet. Danach sollte das Fleisch im 2 °C kalten Kühlhaus die Chance bekommen, 3–4 Tage zu reifen.

WANN ESSEN WIR WELCHE TEILE?

Bei der Fleischreifung unterscheiden wir unterschiedliche Verfahren:

> Wet-Aging: die Reifung im Vakuum
> Dry-Aging: das klassische und ursprüngliche Reifeverfahren der Trockenreifung
> Schimmelreifung: Fleisch wird mit einem Schimmel besprüht und am Knochen gereift

In anderen Kulturen wird das Lamm am Opfertag auch direkt nach dem Schlachten, also noch warm verarbeitet. Man wundert sich, wie zart dieses Fleisch schmeckt. Es kommt daher, da das Fleisch noch nicht in die Totenstarre gefallen ist und noch keine Reifung durchlaufen hat. Gerade dieses Fleisch wird auch gerne für die Wurstverarbeitung, vor allem bei der Salamiherstellung genutzt.

Allerdings wird bei der eigentlichen Fleischreifung das Fleisch nicht nur zart, sondern auch aromatischer. Den richtigen Zeitpunkt für das jeweilige Tier zu finden ist die Herausforderung bei der Reifung. Ich verlasse mich dabei immer gerne auf meine Schäfer, denn sie kennen ihre Tiere genau und wissen auch wann es am besten schmeckt. Zu beachten ist, dass man ältere Tiere auf jeden Fall länger reifen lassen sollte. Falls ein Schaf oder eine Ziege älter als 18 Monate ist, kann man dem Fleisch schon mal eine Reifezeit von gut 3 Wochen gönnen.
Es kommt aber auch darauf an, wie Sie Ihr Fleisch zubereiten möchten. Beim Schmoren können Sie durchaus auch schon Fleischstücke nach 4 Tagen Reifezeit garen. Möchten Sie das Fleisch dagegen rosa garen, sollten Sie das Fleisch ca. 12 Tage reifen lassen.

Tier	Alter	Reifezeit
Lamm	6 Monate	ca. ½ Woche
Lamm	12 Monate	ca. 1 Woche
Schaf	ab 18 Monate	ca. 3 Wochen
Zicklein	ca. 6 Monate	4–7 Tage
Ziege	ab 12 Monate	ca. 3 Wochen

FLEISCH-KLASSIFIZIERUNG VON LAMM

Nach dem Schlachten und Wiegen erfolgt eine Einteilung bzw. Bewertung nach der Fleischigkeit und dem Fettgehalt.
Bei der Fleischigkeit werden die Knochen zum Fleisch in Verhältnis gesetzt.

Bewertung der Fleischigkeit				
E	U	R	O	P
extrem fleischig		<——>		geringe Fleischigkeit

Die Fettklasse setzt sich zusammen aus der Dicke der Fettschicht auf dem Schlachtkörper und aus der Fettmenge in der Bauchhöhle. Man kann dadurch auch indirekt auf die Fettmarmorierung beim Fleisch schließen.

Bewertung der Fettklasse				
1	2	3	4	5
sehr mager		<——>		sehr fett

Bei der Auswahl des Fleisches und des Garverfahrens kann ich Ihnen folgenden Rat geben: Magere Tiere werden beim Garen gerne trocken, aus diesem Grunde wird ihr Fleisch am besten Sous-vide gegart mit Öl und weiteren Aromen. Stücke mit Fett als Auflage schützen das eigentliche Fleisch. Dadurch wird es sanfter gegart. Diese Fleischstücke verwende ich zum Braten oder Grillen. Übrigens: Fleischstücke mit sichtbarer Fettmarmorierung sind nicht nur gut für die Wurst- und Salamiherstellung. Ich liebe es, diese Stücke zu schmoren, denn sie bleiben saftiger und werden nicht so trocken.

Vergleich: Schaf, Lamm und Ziege

Als wir die Tiere für das Buch verarbeitet haben, führten wir verschiedene Tests durch. (So ist übrigens mein Vorurteil gegen ältere Tiere verschwunden.) Beim Versuch, die Oberschale von drei verschiedenen Tieren im Sous-vide zu garen und in der Blindverkostung zu testen, kamen wir zu einem interessanten Ergebnis. In diesem Versuch wurde Fleisch aus der Oberschale bei 60 °C im Vakuum gegart und blind verkostet. Dabei sind wir zu dem Ergebnis gelangt, das man das Lammfleisch in Geschmack und Konsistenz gut erkennen kann. Bei Schaf und Ziege war der Unterschied nicht deutlich schmeckbar. Die Konsistenz war etwas fester als beim Lamm aber durch die Sous-vide-Technik trotzdem zart. Im Anschnitt ist dieser Unterschied auch optisch nicht zu erkennen.

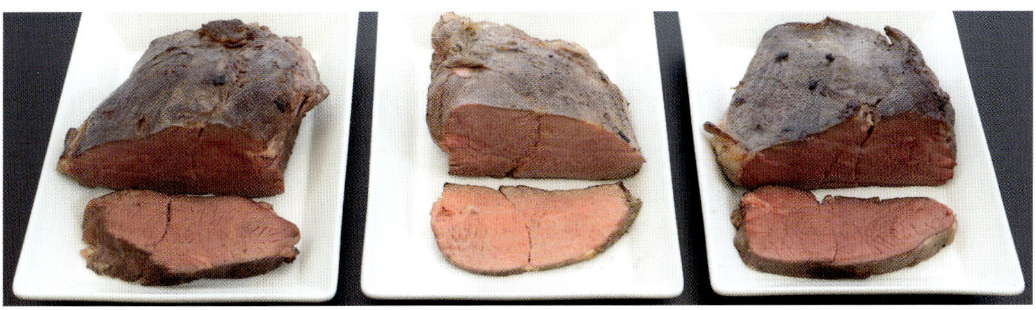

Ziege Lamm Schaf

WELCHES STÜCK EIGNET SICH WOFÜR?

Grobzerlegung in

- 1 Hals
- 2 Schultern
- 1 Rücken
- 2 Bauchlappen
- 2 Keulen mit Haxe
- Innereien

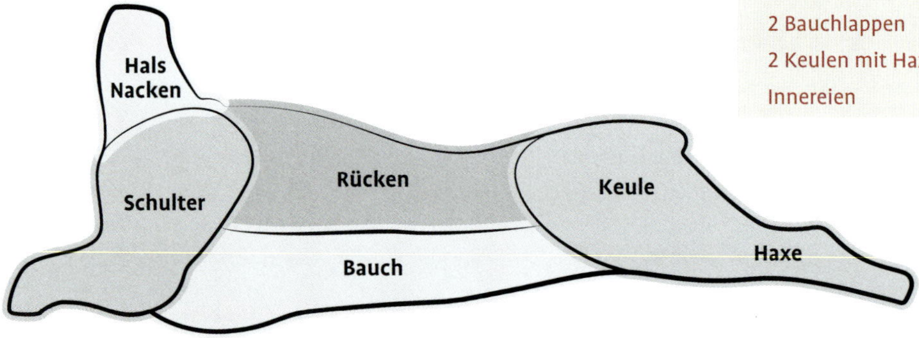

Der ganze Rücken mit Bauch

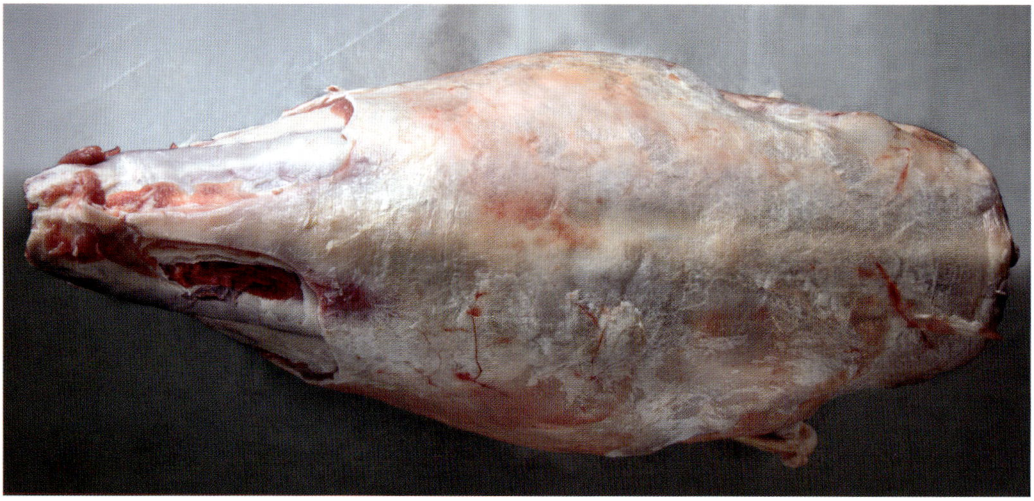

Sattelstück mit Fett

Rückenfilet mit Fett eingerollt

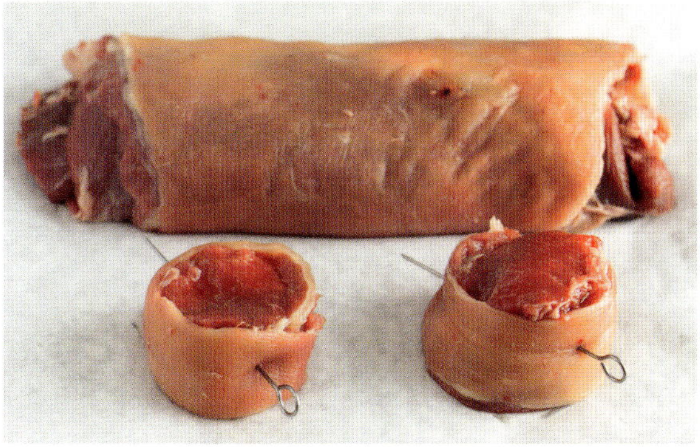

Mögliche Feinschnitte aus dem Rücken

Fleischteil	Verwendung
Karree, Kotelette	braten, Sous-vide, grillen
Chop	grillen, braten
Rückenfilet	Sous-vide, grillen, braten, gratinieren
Filet	sautieren, braten, grillen
Bauch	schmoren, im Ofen als Rolle braten, Wurstherstellung

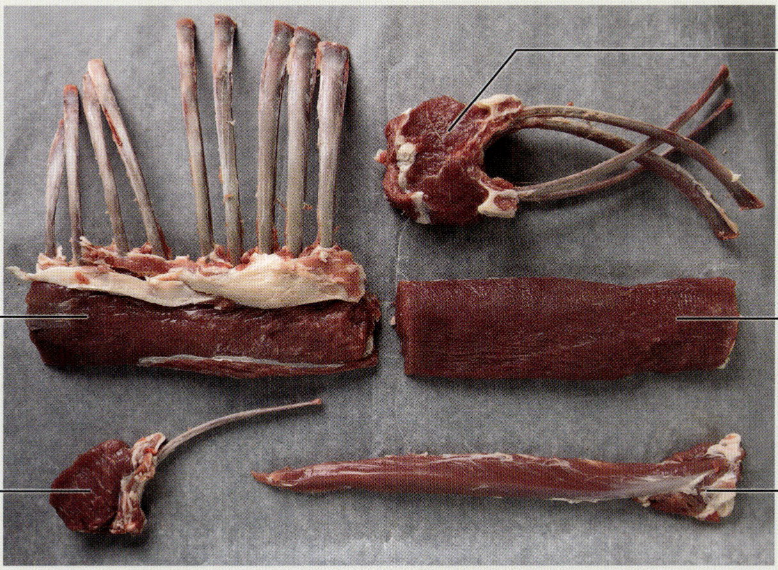

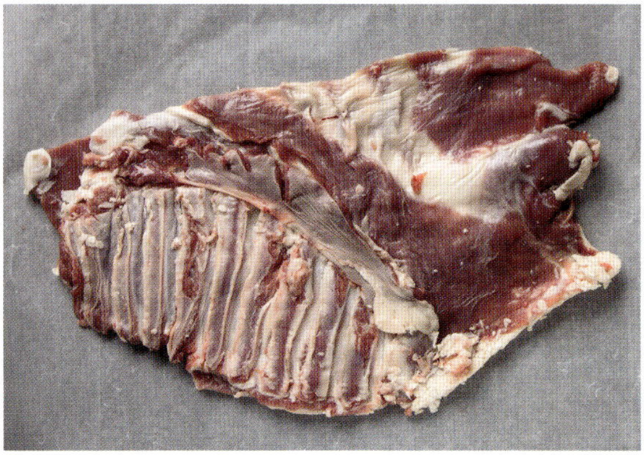

Bauchlappen ohne Knochen

Verwendung: als Rollbraten geschmort, für Hackfleischprodukte weiterverarbeitet, übereinandergelegt und im Vakuum gegart. Rippenknochen mit Fleisch können auch gut gegrillt werden.

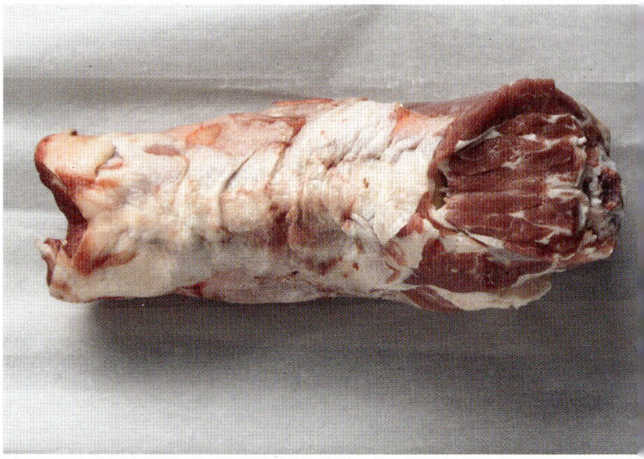

Nacken/Hals

Verwendung: im Ganzen schmoren; auslösen und grillen; in Stücke schneiden und für Ragout oder Hackfleischgerichte verwenden; Wurstherstellung (Salami)

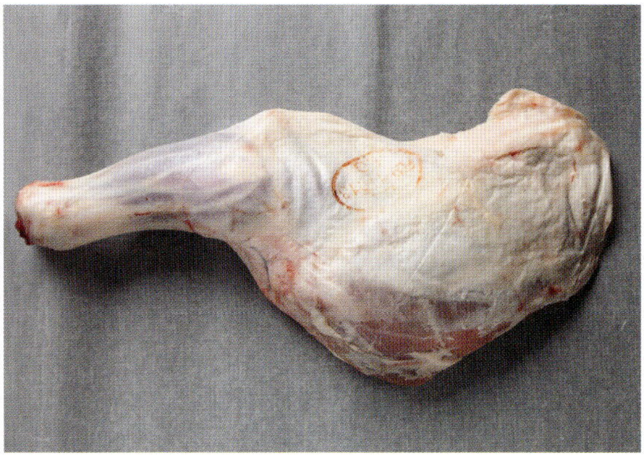

Schulter

Verwendung: im Ganzen im Ofen schmoren; auslösen und als Rollbraten garen; eventuell mit Hackfleisch füllen; pökeln und als Schäufele braten und anschließend räuchern; kochen und als Eintopf mit Gemüse servieren; Irish Stew; Pattyfleisch für Burger; Wurstherstellung

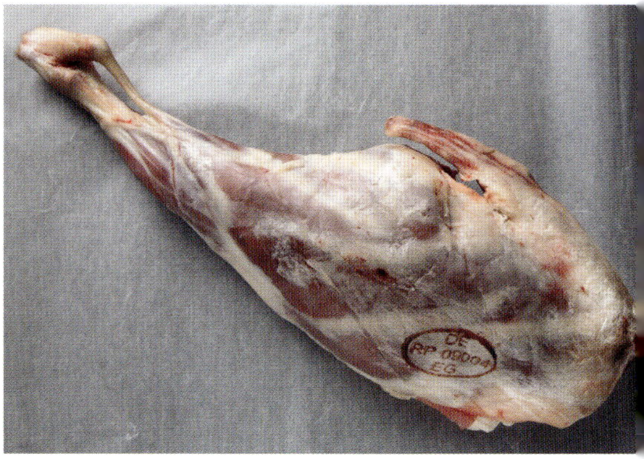

Keule mit Haxe

Verwendung: im Ganzen im Ofen gebacken oder im Ganzen geschmort. Die Haxe am besten separat schmoren. Die Teilstücke können auch sehr gut gegrillt werden.
Die Keule wird auch gerne in vier oder fünf Scheiben quer zum Knochen zersägt. Diese Scheiben können sowohl geschmort als auch auf dem Grill kurz gegart werden.

Aufteilung der Keule

Fleischteil	Zubereitungsmöglichkeit
Haxe	schmoren, kochen, braten
Oberschale	rosa braten, Sous-vide, grillen
Frikandeau	braten, Ragout
Hüfte	grillen, braten, Sous-vide
Nuss	Ragout, grillen, Schnitzel
Schlossknochen	für Fond und Saucen

DIE INNEREIEN

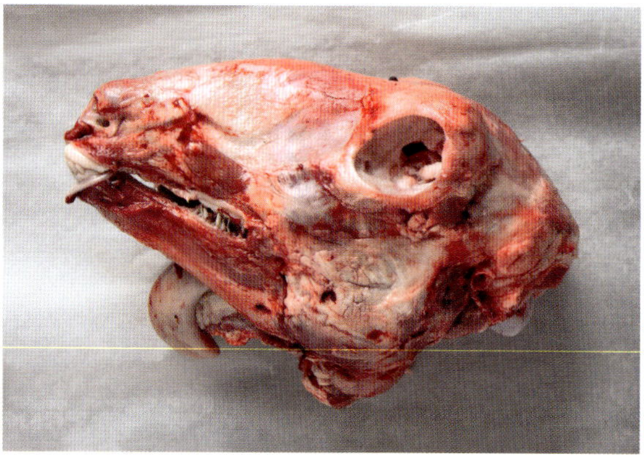

Kopf

Verwendung: grillen; kochen für die Weiterverarbeitung zur Sülze oder Wurstherstellung

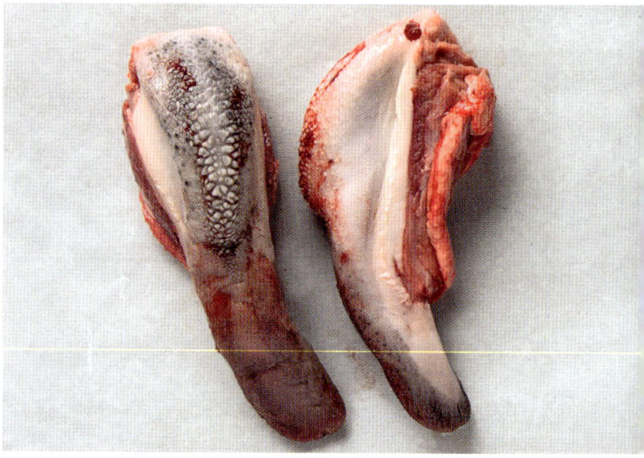

Zunge

Verwendung: kochen, danach panieren und ausbacken

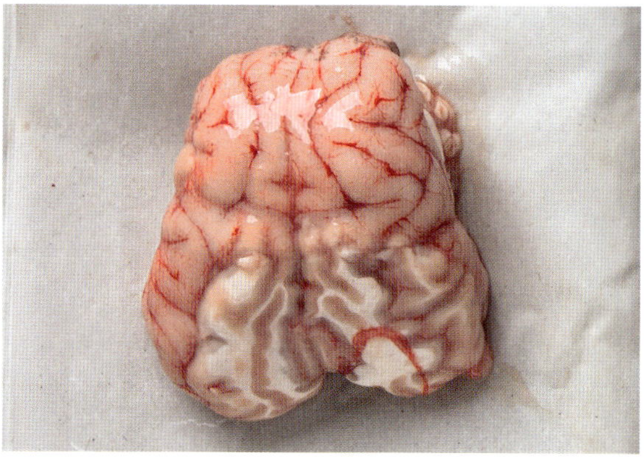

Hirn

Verwendung: panieren und ausbacken; in einer Form als Quiche backen

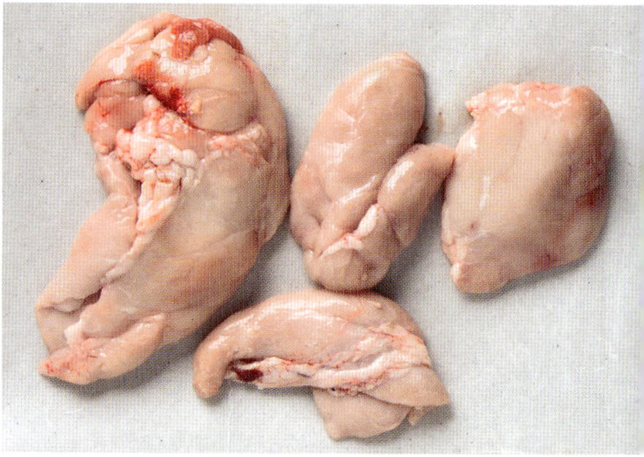

Bries

Verwendung: roh braten; panieren und ausbacken; kochen; in einer Terrinenform garen

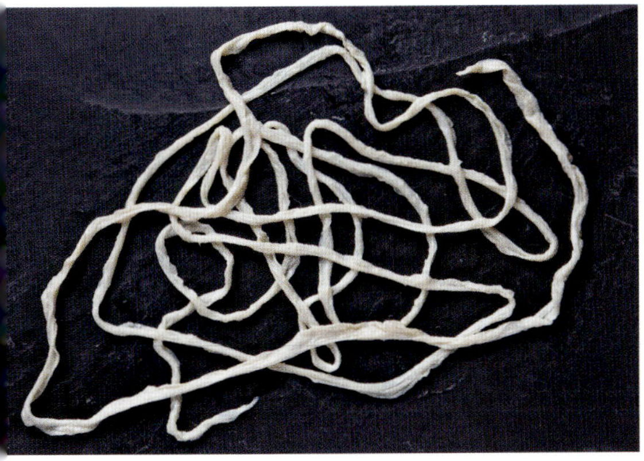

Seitlinge
Verwendung: für die Wurstherstellung

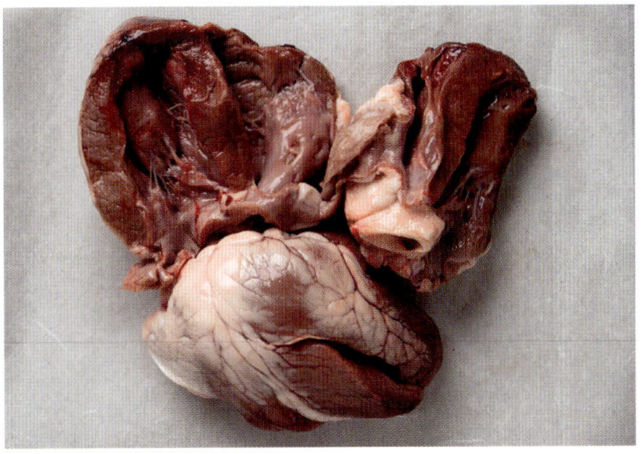

Herz
Verwendung: rosa braten; schmoren; roh als Carpaccio

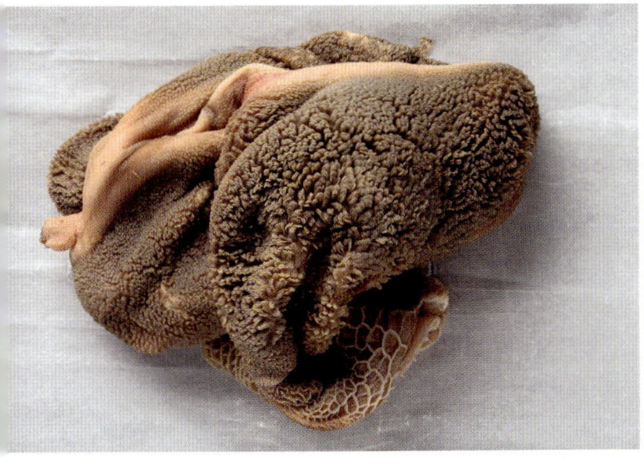

Kutteln
Verwendung: als Ragout und mediterranen Eintopf

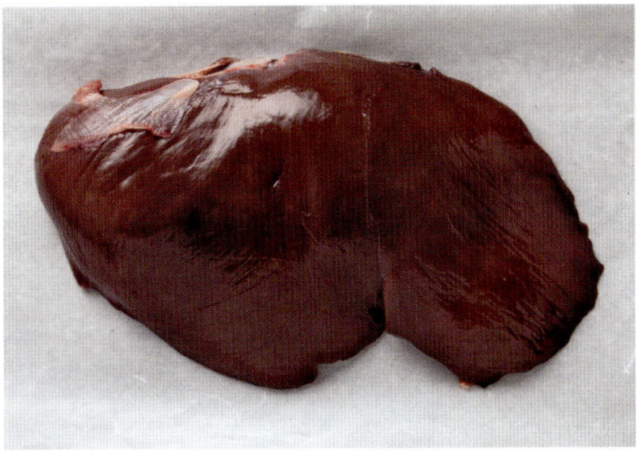

Leber
Verwendung: braten; zur Herstellung von Leberknödeln; zur Wurstverarbeitung

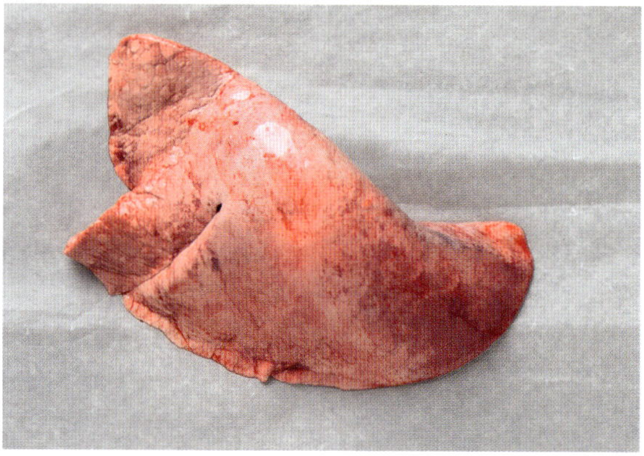

Lunge
Verwendung: Wurstverarbeitung; Ragout

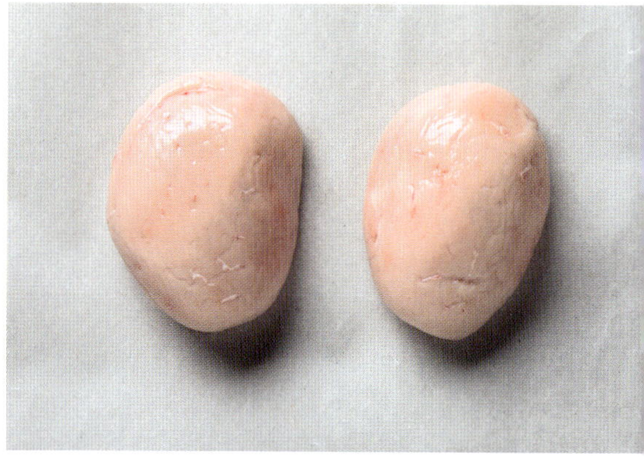

Hoden
Verwendung: braten; en papillote garen

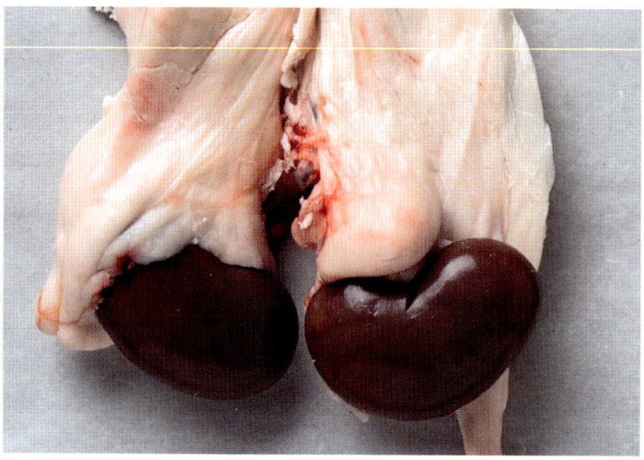

Nieren mit Fett
Verwendung: braten; sautieren; auf einem Spieß garen

WISSENSWERTES FÜR DIE KÜCHENPRAXIS

Erfahren Sie in diesem Kapitel alles über die unterschiedlichen Gartechniken, warum sich das sanfte Garen im Vakuum besonders lohnt, welche Fleischteile sich zum Schmoren eignen und warum dabei ein guter Schuss Rotwein nicht nur für den Geschmack von Vorteil ist.

GARTECHNIKEN

Es gibt viele verschiedene Gartechniken in der Küche. Bei den thermischen Garverfahren wird unterschieden in:

- Sieden
- Blanchieren
- Pochieren
- Dämpfen
- Dünsten
- Poelieren
- Braten
- Grillen
- Schmoren
- Gratinieren
- Backen
- Sautieren
- Frittieren
- Sous-vide (im Vakuum garen)
- Garen mit Strahlen

Innerhalb dieser Garverfahren überschneiden sich einzelne Verfahren teilweise, greifen ineinander über oder bauen aufeinander auf. Vielleicht haben Sie auch schon vom Niedertemperaturverfahren gehört. Dies ist aber kein eigenes Verfahren, sondern ein Verfahren, das bei vielen Gartechniken eingesetzt werden kann. Wichtig ist, dass man begreift, dass die Länge des Garens mit der Hitze und der Zeit zusammenhängt.

- Je heißer ich etwas gare, desto schneller ist mein Gargut fertig und umso trockener ist das Fleisch.
- Je niedriger ich etwas gare, desto länger benötigt mein Gargut und umso saftiger wird das Fleisch.

Sous-vide (im Vakuum garen)

Sieden

Sieden bedeutet nichts anderes als Kochen – garen in Flüssigkeit bei einer Temperatur von 100 °C (Siedepunkt).

Dämpfen

Das Dämpfen ist ein Garen durch Dampf bei ca. 100 °C, wobei das Gargut mit dem Wasser oder der Flüssigkeit nicht in Berührung kommt, sondern meistens in einem Sieb hängt oder auf einem Lochblech im Dämpfer gegart wird. Gerade das schonende Garen und der Erhalt vieler Nährstoffe ist hier ein großer Vorteil. Für Fisch, Gemüse und Dumplings eine tolle Sache.

Dünsten

Beim Dünsten wird das Gargut unter Zugabe von etwas Fett bzw. manchmal etwas Wasser oder einer anderen Flüssigkeit in einem Topf mit Deckel („Garen in eigenem Saft") schonend gegart. Ich wende dieses Verfahren gerne bei Gemüse an. Man kann das geschnittene und gesalzene Gemüse auch in Backpapier einschlagen und im Ofen bei 150 °C garen.

Poelieren

Unter Poelieren verstehen wir das hellbraun Dünsten. Hier bekommt das Gargut etwas Farbe. Geflügel oder Lammfilets lassen sich poelieren und damit schonend garen.

Pochieren

Gerade zarte Fleischteile wie das Bries werden pochiert. Hier wird das Gargut unterhalb des Siedepunkts sanft und vorsichtig zwischen 70 °C und ca. 90 °C gegart

Blanchieren

Unter Blanchieren wird ein kurzes Garen in Wasser oder Fett verstanden. Gemüse kommt beispielsweise in kochendes Salzwasser und wird anschließend in Eiswasser abgeschreckt. Vorteile:

- Zerstören von Keimen, Bitterstoffen
- Oberflächenverkleinerung z. B. beim Spinat
- Vorgaren eines Produktes
- Erhaltung von Farbe durch Aktivierung des Blattgrüns
- Vereinfacht das Abziehen der Haut bei Gemüse z. B. bei Tomaten

Frittieren

Frittieren oder Ausbacken in Fett wird bei ca. 180 °C durchgeführt. Dabei bildet sich eine Kruste.

Confieren

Sie können Schaf- oder Ziegenfleisch auch im eigenen oder zugefügten Fett (Olivenöl) im Ofen bei 120 °C langsam garen – confieren. Früher wurde dies hauptsächlich aus konservierungstechnischen Überlegungen angewandt. Heute wird das Confieren gerne auch abgewandelt bei der Sous-vide-Technik angewendet.

Backen

Beim Backen werden die Produkte im Backofen mittels trockener Hitze meistens zwischen 150 bis 250 °C gegart.

Sautieren

Das Sautieren ist gerade in Asien sehr beliebt. Durch das schnelle Erhitzen in der heißen Pfanne oder im Wok bildet sich rasch eine Kruste mit den beliebten Röststoffen und das dünne Fleisch wird zügig gar.

Gratinieren

Beim Gratinieren oder Überkrusten bildet die Oberfläche einer Speise durch starke Oberhitze (Strahlungswärme) eine Kruste, wobei sich aus Kohlehydraten und Eiweiß Röstaromen entwickeln. Zum Gratinieren ist ein normaler Backofen mit Oberhitze oder eine Lötlampe geeignet.

Braten

Beim Braten möchten wir leckere Röstaromen erhalten. Dabei unterscheiden wir zwischen kleinem und großem Gargut. Großes Gargut wird meistens in einer heißen Pfanne von beiden Seiten angebraten und anschließend im Backofen bei trockener Hitze zwischen 80 °C bis 120 °C weitergegart.
Beim kleinen Gargut wird das Fleisch in einer heißen Pfanne von beiden Seiten gebraten, bis die gewünschte Kerntemperatur erreicht ist. Hier ist es empfehlenswert, das Fleisch zuvor im Ofen bei 50°C zu erwärmen. Die bessere Methode ist aber, wenn Sie das Fleisch mit Aromen vakuumieren und zwischen 55 °C bis 60 °C im Wasserbad vorgaren.

Schmoren

Gerade für kollagenreiche Fleischstücke ist dieses traditionelle Garverfahren zu empfehlen. Das Schmoren ist ein kombiniertes Verfahren aus Braten mit Feuchtigkeit und Hitze.

- Fleisch mit Salz und Pfeffer würzen.
- Fleisch von allen Seiten in einem Bräter anbraten.
- Karotten, Sellerie und Zwiebeln dazugeben und weiter braten.
- Schmorgut mit Rotwein ablöschen und mit Fond auffüllen (sollte nicht ganz bedeckt sein).
- Mit einem Deckel verschließen und im Ofen zwischen 120 °C und 160 °C garen.
- Die Garzeitlänge kommt auf die Größe des Fleischstücks an.
- Die Sauce passieren und leicht mit Speisestärke binden.
- Gemüse und geschnittenes Fleisch in die Sauce legen.

Bei diesem Verfahren entstehen im Backofen noch mehr Röstaromen als durch das Garen des Fleisches auf dem Herd. Das Fleisch sollte zwischendurch mit dem Sud begossen werden. Dadurch wird z. B. die Oberseite einer Lammschulter etwas brauner, knuspriger und schmackhafter.
Durch die Zugabe von Säure (mildem Essig oder gerbstoffhaltigem Rotwein) erhält man ein zarteres Fleisch, da die Säure die Sehnen weicher macht.

Grillen

Beim Grillen gart das Fleisch durch intensive Wärmestrahlung. Bei diesem trockenen und fettarmen Garverfahren wird das Gargut unter Umständen bei 400 °C gegart. Kleine Fleischstücke und Vorgegartes sind bei starker Hitze unter Umständen sehr schnell gar.
Es gibt eigentlich nichts, was man nicht grillen kann. Es hat den Vorteil, dass wenig bis kein Fett benötigt wird. Bei Gemüse empfiehlt es sich Öl zum Bepinseln zu verwenden, damit es besser schmeckt und das Gemüse an den Grillstäben nicht festklebt. Beim Grillen ist dennoch Vorsicht geboten, denn bei zu langer und extremer Hitze können krebserregende Stoffe entstehen.
Grillen ist in der Familie ein Event und dabei ist es egal, womit und worauf Sie grillen. Für mich gehört zum Grillen einfach das offene Feuer, das bedeutet für mich auch immer Entspannung und eine gesellige Runde. Wenn dann noch Lamm oder Ziege ins Spiel kommen, kann nichts mehr schief gehen.

Sous-vide

Sous-vide ist ein Garverfahren, das im Jahr 1974 von Bruno Goussolt und George Pralus entwickelt wurde. Die Lebensmittel oder die zu garenden Produkte werden mit den unterschiedlichsten Aromen und Flüssigkeiten in einem Kunststoffbeutel vakuumiert und anschließend im Wasserbad oder Dämpfer bei einem Temperaturspektrum von 38 °C bis ca. 95 °C gegart. Die Länge der Garzeiten ist abhängig von Produkt, Temperatur und Zeit. Sie sollten die Temperatur konstant halten, um ein sicheres und gutes Ergebnis zu erzielen. Es gibt viele Hersteller, die unterschiedliche Lösungen anbieten. Für den Haushalt empfehle ich am Anfang den bestehenden Dämpfer zu benutzen und sich bei Bedarf ein Sous-vide-Gerät zu kaufen.
Sie werden mit diesem Verfahren aromareiche und saftige Ergebnisse erzielen. Zudem können Sie viele Fleischprodukte vorbereiten und auch Ihre eigene pasteurisierte Halbkonserve herstellen. Vakuumieren Sie am besten Ihre Produkte nur im gekühlten Zustand. (Die besten Ergebnisse habe ich bei 3 °C erzielt.)
Ob Sie das Fleisch vor dem Vakuumieren anbraten oder erst danach hängt vom Fleisch und von Ihnen ab. Es geht auf jeden Fall beides, ist aber auch abhängig vom Gericht.
Für mich ist das Braten, Grillen oder Räuchern nach dem Garen besser, da das Fleisch vor dem Servieren etwas mehr erhitzt wird und so die Röstaromen durch die Maillard-Reaktion am besten für den Genuss erhalten bleiben. Die flüchtigen und gewünschten Röst-Aromen werden retronasal aufgenommen und lösen in unserem Riechkolben einen olfaktorischen Reiz aus.
Gerade der geringe Garverlust, der saftige, intensive Geschmack und natürlich die genaue Zubereitung sind die wesentlichen Vorteile dieses Garverfahrens.

Garverfahren für unterschiedliche Fleischstücke im Vakuum

Fleischteil	Kurzzeitgaren (medium)	Langzeitgaren
Lammoberschale aus der Keule	60 °C/20 Minuten	
Lammrücken ausgelöst	55 °C/20 Minuten	
Lammschulter ohne Knochen		75 °C/24 Stunden
Lammbauch flach		75 °C/15 Stunden
Keule vom Schaf, ganz	60 °C/5 Stunden	75 °C/36 Stunden
Ziegenfleisch aus der Keule		75 °C/15 Stunden
Ossobucco vom Schaf		80 °C/12 Stunden
Zickleinkeule	65 °C/1 Stunde	

Räuchern

Räuchern ist eigentlich ein Konservierungsverfahren für Fleisch, Fisch, Wurstwaren und andere Lebensmittel. Zuvor werden die Lebensmittel meist eingesalzen oder in einer Salzlake eingelegt. Beim Räuchern trocknen die Lebensmittel von der Oberfläche her aus, der Wassergehalt sinkt um 10–40 % und gleichzeitig werden besondere Aromastoffe gebildet. Durch Ablagerung von Rußteilchen kommt es zu einer Dunkelfärbung der Oberfläche.

Man unterscheidet

- Kalträuchern (40 Tage bei 18 °C, z. B. Schinken oder Salami)
- Heißräuchern (wenige Stunden, bis 80 °C, z. B. Kasseler)
- Feuchträuchern (bis zwei Tage bei 20–40 °C), bei dem durch Zufuhr von Luftfeuchtigkeit die Räucherverluste verringert werden.

Smoken

Das Räuchern im Smoker ist sehr in Mode gekommen. Das rauchige Aroma ist bei vielen Männern beliebt und unterstützt den Eigengeschmack von Schaf- und Ziegenfleisch.

MAILLARD-REAKTION

Damit das Gargut nicht aussieht wie pochiert, kann man es vor dem Vakuumieren oder nach dem Garen anbraten. Dabei entstehen leckere Röstaromen – ab einer Temperatur von ca. 130 °C. Ab dieser Temperatur reagieren Zuckerstoffe mit Eiweißen; diese beginnen zu bräunen und geben ihre Aromen ab. Gerade wenn Fleisch rosa gegart wird, ist dies eine tolle und sichere Methode. Neben dem Anbraten in der Pfanne mit etwas Öl und Kräutern wird manchmal auch eine Lötlampe oder ein Grill eingesetzt.

Lammsteak mit Knochen und Röstaromen vom Grill (20 Minuten im Vakuum gegart bei 58 °C)

WAS ZU LAMM UND ZICKLEIN PASST

Meist beginnt es mit dem Anlass, zu dem man etwas Besonderes kochen möchte. Darauf folgt die Überlegung, wo welches Fleischteil erhältlich ist und dann die Frage: Welches Garverfahren passt zum Fleisch? Es sind ziemlich viele Entscheidungen, die gefällt werden wollen und es lohnt sich, sich die auftretenden Fragen einmal bewusst zu stellen. Wir möchten Sie auf jeden Fall dazu ermuntern, vieles auszuprobieren und experimentierfreudig zu sein. Ihr Bauch entscheidet in der Regel darüber, was Ihnen schmeckt, und ähnlich wie in der Küche entstehen viele gute Kreationen erst durch Zufall.

Für mich ist neben dem Garverfahren das Alter des Tieres sicherlich am wichtigsten. Danach kommt das persönliche Empfinden: Worauf haben Sie gerade Appetit? Das hängt vom Wetter ab oder ob man eher auf Traditionelles Lust hat oder doch etwas Neues ausprobieren möchte. Welches Gewürz und welches Kraut zu Lamm oder Ziege gereicht wird, hängt von vielen verschiedenen Faktoren wie beispielsweise der Jahreszeit ab. Natürlich spielt auch die Auswahl der Getränke eine große Rolle. Die Frage, welche Rasse, ist für mich dann nicht mehr ganz so entscheidend, da wir in Deutschland sehr gutes regionales Lamm- bzw. Zickleinfleisch bekommen können. Erkundigen Sie sich einfach in Ihrer Region oder auf der Schafzuchtseite.

Grundsätzliche Überlegungen bei einem Gericht

Welches Fleischteil steht zur Verfügung und welches ist das beste Garverfahren?

Daraus ergibt sich meist die Zubereitung der Sauce, des Dips bzw. die Marinade des Fleisches.

Welches Gewürz oder Kraut hat gerade Saison bzw. auf welche Geschmacksrichtung habe ich Lust?

Gemüse wird ausgewählt und dazu passende Kohlenhydrate.

Abschmecken: Harmonie oder Kick-Variante?

Welches Getränk wird getrunken?

TRADITIONELLE UND KULINARISCHE KULTURRICHTUNG FÜR SCHAF UND ZIEGE

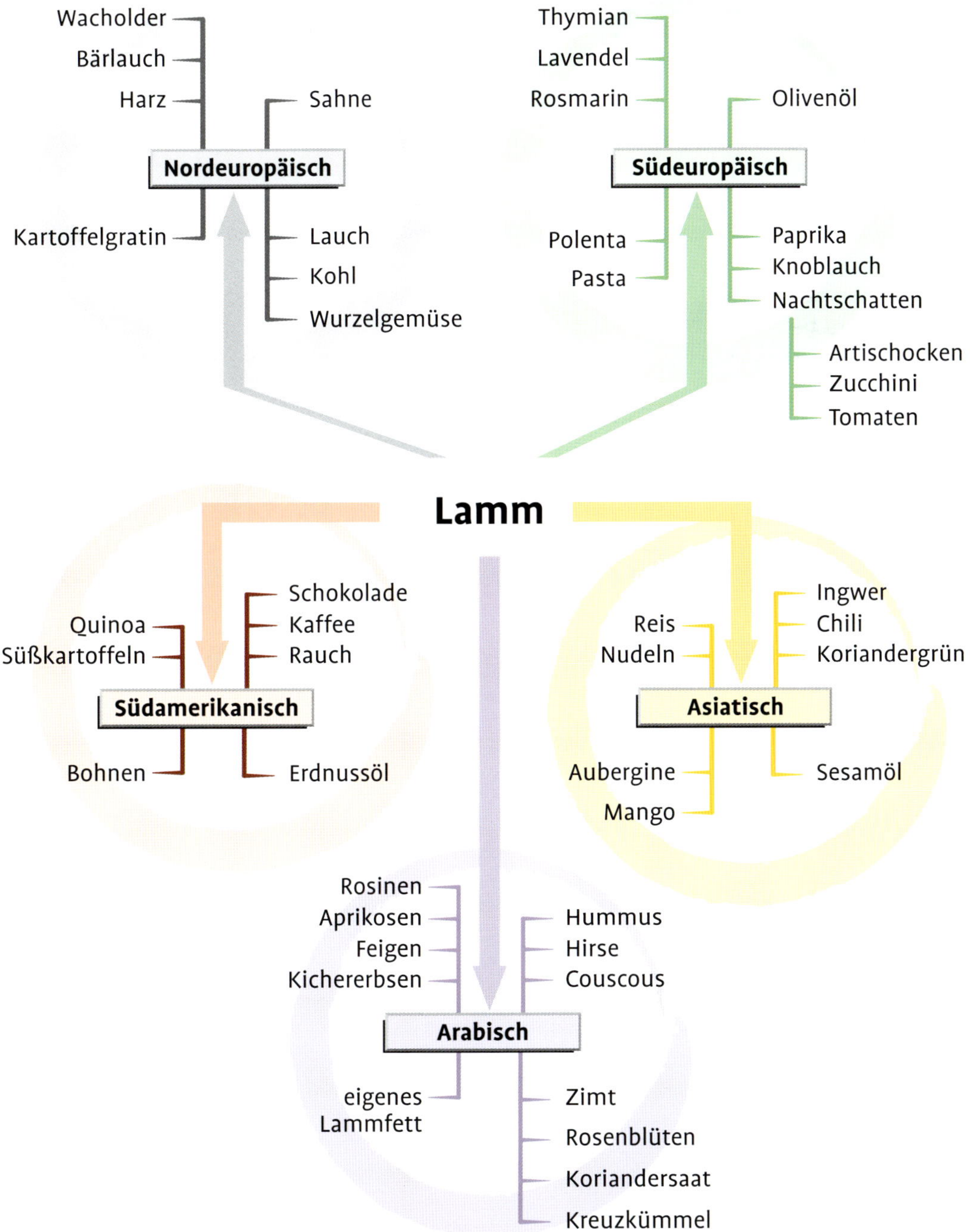

FOOD PAIRING NACH MARTIN DARTING

Beim Würzen von Speisen müssen wir Geschmack und Aroma voneinander trennen und beschreiben. Unter Geschmack verstehen wir hauptsächlich unsere Grundgeschmacksrichtungen, die wir auf der Zunge schmecken können:

- süß
- sauer
- salzig
- bitter
- umami
- kokumi
- fett

Zum Geschmackssinn kommt noch der trigeminale Sinn (Tastsinn in der Mundhöhle) hinzu. Hier verstehen wir den Schmerz von Schärfe, die Temperatur von Speisen sowie die Adstringenz durch Gerbstoffe. Vor allem die Haptik in unserem Mund, also das Mundgefühl bzw. die Viskosität einer Speise, spielt eine große Rolle. Aus diesem Grund wünschen wir uns eine krosse Kruste auf dem Braten.

Unter Aroma verstehen wir die zusätzlichen Einflüsse, die wir mit unserem Geruchssinn erleben. Wenn durch eine Erkältung unser Geruchssinn beeinträchtig ist, wissen wir, dass das Essen meist fade schmeckt. Der Mensch kann mehrere Tausend chemische Verbindungen am Geruch wahrnehmen. Die Gerüche werden sowohl pronasal als auch retronasal wahrgenommen.

Der Trick beim Food Pairing ist nun, dass alle Sinne beim Essen und Trinken angesprochen werden. Je punktierter gewürzt wird, desto beeindruckender und charaktervoller ist die Speise. Um mehr Intensität in die Speisen zu bringen, ist auch das natürliche „umami“ eine große Hilfe. Wir finden es häufig in Tomaten, Pilzen, Kaffee und Sojasaucen.

Die Auswahl eines Weines beruht häufig auf der Vorstellung, dass das Fleisch besondere Eigenschaften hat, die im Wein aufgegriffen werden. Es geht um verschiedene Stilrichtungen – je nach Würzung und Zubereitung.

Die aromatische Ausrichtung eines Gerichts kann zum einen parallel „abgeholt“ werden, welches als Harmonie bezeichnet wird. Eine Kickvariante hingegen greift bewusst gegensätzliche Aromagruppen in Wein und Speise auf. Mit dem entsprechenden Wein können Sie Ihr Gericht entweder harmonisch gestalten oder mit „Kick“ – und so dem Gericht Ecken und Kanten geben.

KICK ODER HARMONIE?

Zum gegrillten Zicklein, das vorher mariniert wurde, und jetzt deutliche Röst- und Würzaromen zeigt, würde ein fruchtiger Riesling sicher eine Kickvariante bedeuten. Zu einem in Weißweinsauce gegarten Stück Fleisch wäre der Riesling hingegen die Harmonie. Da allerdings Harmonie und Langeweile oft nahe beieinander liegen, steht eine Kombination aus ca. 70 % Kick und 30 % Harmonie für den größten Erfolg einer Speise-Wein-Kombination.
Auf Grund neurologischer Gegebenheiten in Nase und Mund wird auf zwei besonders wirksame Schwerpunkte Wert gelegt:

1. der Komplex der Eiweiße und Gerbstoffe
2. der Komplex der Säuren und Salze

1. Umami und kokumi

Je mehr Eiweiße vorhanden sind, desto mehr Gerbstoffe verträgt eine Kombination. Treffen jedoch zu viele Gerbstoffe auf einen zu geringen Eiweißgehalt, kommt es beim Geschmack zu der berühmten Adstringenz – einem pelzigen Mundgefühl, und das wird nicht wirklich von vielen Menschen gemocht.

Bei einer gelungenen Kombination entsteht jedoch der fünfte Geschmackseindruck „umami" durch die Glutaminsäure, gefolgt von „kokumi", einer Kombination aus Peptiden, die als Aroma fungieren und gleichzeitig ein intensives Mundgefühl verursachen.

Die Gerbstoffe müssen jedoch nicht nur vom Rotwein herrühren, sondern gelangen auch durch sogenannte Maischestandzeiten (Kontakt von Saft, Beerenschalen und Kernen) in den Wein. Also auch Weißweine mit entsprechendem Gerbstoff sind sehr gut dazu geeignet, Lamm und Ziege harmonisch zu begleiten.

2. Säure + Salz = Tequilaeffekt

Der zweite Komplex fokussiert den Salz- und Säurekomplex. Die Kombination aus Salzen und Säuren, die auch „Tequilaeffekt" genannt wird, harmonisiert einerseits, verleiht andererseits aber auch ein intensives dynamisches Mundgefühl. Bei der Wahl des Salzes lässt sich mit entsprechenden Säuren im Wein ein besonders intensives Erleben herstellen.

KRÄUTER UND GEWÜRZE

Kräuter und Gewürze sind für mich in der Küche nicht nur für den Geschmack verantwortlich, sondern werten auch Gerichte auf. Kräuter sind nach Hans Lauber, der seinen Diabetes Typ 2 nur durch gesunde Ernährung und Sport in den Griff gekriegt hat: geschmacksstark, schlankmachend, schönmachend, gesundmachend und sensibel.

geschmacksstark
Wir können durch Kräuter einen Geschmack unterstützen oder dem Lammgericht eine neue Richtung geben.

schlankmachend
Einige Kräuter regen die Verdauungssäfte an, beflügeln die Verdauung, schwemmen gestautes Wasser aus dem Körper oder unterstützen die Fettverbrennung.

schönmachend
Manche Kräuter enthalten u.a. Kieselsäure für Haut und Nägel.

gesundmachend
Kräuter enthalten Sekundäre Pflanzenstoffe. Daher helfen Thymian oder Salbei auch gegen eine Erkältung.

sensibel
Kräuter entfalten ihr Geschmackspotenzial bzw. ihre Heilkraft am besten, wenn sie frisch sind und richtig verarbeitet werden. Besser ist es, Kräuter erst spät zu zerkleinern und zum Schluss den Speisen hinzufügen, da die ätherischen Öle sich schnell verflüchtigen. Dies ist auch bei vielen Gewürzen sehr wichtig!

Typische Kräuter und Gewürze für Lamm- und Zickleinrezepte.

KRÄUTERKUNDE

Rosmarin

Die sonnenliebende Duftpflanze weist einen aromatischen, intensiven Duft mit einem leicht harzigen und nach Eukalyptus erinnernden Geschmack auf. Gerade aus der mediterranen Küche ist Rosmarin nicht wegzudenken. Ich verwende Rosmarin auch gerne in Kombination mit Schokolade bei Nachspeisen.

Thymian

Thymian ist ein richtiger Allrounder in der Küche: frisch, blumig und mit leicht harzigem Geschmack. Bei den vielen Sorten, die auf dem Markt erhältlich sind, ist für mich heimischer Quendel, Zitronenthymian oder auch Kümmelthymian sehr interessant. Zudem wird Thymian gerne als Arzneipflanze in der Volksmedizin eingesetzt.

Lavendel

Die typische Duftpflanze ist in den Kräutern der Provence enthalten und sollte mit Bedacht eingesetzt werden. In Kombination mit Orange und Aprikosen bekommt Schaffleisch einen tollen blumig-zitronigen Duft.

Oregano oder Dost

Oregano wird in der mediterranen Küche bei Tomaten und Lammzubereitungen gerne getrocknet verwendet. Die blumig, zum Teil leicht pfeffrigen Noten besitzen gute Hitze-Eigenschaften mit einer gewissen Süße. Die Gewürz- und Heilpflanze veredelt viele Lamm- und Gemüsegerichte.

Minze

Die frischen und kühlenden Noten sind die wichtigsten kulinarischen Eigenschaften der vielen unterschiedlichen Minzsorten. Zu Lamm und Ziege schmecken mir Katzenminze und Bergminze am besten – als Joghurt-Dip zum Grillen oder auch nur als Aroma in der Sauce. In England wird Minzsauce traditionell zu Lamm gereicht. In Deutschland ist dies für viele sehr gewöhnungsbedürftig. Aber es ist einen Versuch wert! Für mich ist Minze zur absoluten Kickvariante bei Lammgerichten geworden!

Knoblauchrauke

Die Frühjahrspflanze unterstützt mit ihrem leichten Knoblaucharoma den Geschmack von Lamm und Co. Im Salat gezupft oder als Dekoration verleiht die Rauke Gerichten eine frische grüne Note mit leichtem Hauch von Knoblauch. Sie können Knoblauchrauke auch für Kräuterbutter oder Pestos verwenden.

Koriander

Zu Lamm schmeckt sowohl Koriandergrün als auch die gemahlenen Koriandersamen. Die Samen sind in vielen asiatischen und afrikanischen Gewürzmischungen enthalten. Das grüne Kraut sollte sparsam und mit Bedacht oder gar „geizig“ eingesetzt werden, da es sich sonst gerne in den Vordergrund spielt und es schnell als seifig wahrgenommen wird.
Ein daraus hergestelltes asiatisches Pesto mit Sesamöl, Sesam und Chili verfeinert viele Gerichte.

Basilikum

Das typische grüne Basilikum ist mittlerweile nicht mehr allein, und man bekommt viele schöne Sorten zu kaufen. Das zweijährige Strauchbasilikum mit seinen leicht rötlichen Blättern ist sehr aromatisch. Die Samen verwende ich gerne mit, indem ich sie in Öl einlege und daraus ein Gewürzöl herstelle.

Scharbockskraut

Auch Scorbutkraut genannt besitzt es sehr viel Vitamin C und ist gerade im abklingenden Winter ein schönes Kraut für den Wildkräutersalat zum Lammfleisch. Ich verwende es gerne in Kräuterbutter oder in Kombination mit Schafsjoghurt als Dressing, Smoothie oder Mousse. Milchprodukte dämpfen seinen kräftigen Geschmack etwas.

Löwenzahn

Löwenzahnblätter sind reine Vitaminbomben, wirken blutreinigend und werden auch als Blutzuckersenker bei Diabetes Typ 2 eingesetzt. Sie schmecken als Salat oder auch püriert. Gerade die bitteren Noten bereichern den Frühlingssalat. Die Blüten kann man zu süßem Gelee verarbeiten, Löwenzahnwurzeln schmecken angeröstet nach Kaffee.

Gemeine Schafgarbe

Dieses Kraut hat eigentlich nichts mit Schafen zu tun, sondern ist über eine Ableitung des strengen Geruches zu seinem Namen gekommen. Da es aber auf der ganzen Welt auf Wiesen, Weiden und mageren Böden wächst, steht es seit eh und je auf dem Speisezettel von Lamm und Ziege. Eine Lammkeule in Schafgarbenöl gegart ist eine phantasievolle Möglichkeit der Zubereitung.

Bärlauch

Gerade im Frühjahr der Allrounder, um Lamm und Ziege zu würzen. Wird dieser in der Pfanne kurz angebraten und wie Spinat zubereitet, wird er ganz mild und schmeckt fantastisch.

Beinwell

Beinwellblätter benutze ich gerne, um Fleisch vor zu viel Hitze zu schützen. (Sie bleiben mit ihren feinen Härchen gut am Fleisch haften.) Die Blüten sind als Dekoration sehr hübsch.

Schnittknoblauch

Schnittknoblauch ersetzt herkömmlichen Knoblauch und bringt etwas Farbe mit ins Spiel. Allerdings wird dieser erst zum Ende der Garzeit zugegeben.

Ringelblumen

Die gelb-orangenen Blüten werden gerne für Haut- und Kosmetiksalben verwendet. Für mich sind Ringelblumenblüten sowohl getrocknet als auch in frischer Form immer eine schöne Dekoration. Auch zum Färben von Speisen einfach klasse!

Brennnessel

Die grünen Brennnesselblätter sind sehr vitaminreich und enthalten viele Mineralien. Gerade die jungen Blätter im Frühling bereichern Salate oder können blanchiert und püriert zu einem leckeren Püree verarbeitet werden, mit dem man Speisen einfärben kann. Der milde Geschmack passt zu vielen Lammgerichten und rundet das Gericht sehr schön ab. Die Samen dienen getrocknet und geröstet auch als Sesamersatz.

Kapern

Kleine eingelegte Knospen des Kapernstrauches – entweder in Salz oder Essiglake – sind gerade auch beim Würzen sehr beliebt. Nach demselben Prinzip können Sie sich so Ihre eigenen Kapern auch aus Gänseblümchen oder Taglilien herstellen.

Salbei
Gartensalbei ist nur einer von ca. 800 Arten, die es gibt. Die bitteren, leicht kräftigen Aromen mit etwas Säure sind nicht nur in der Heilkunde sehr beliebt. Wiesensalbei schmeckt auch Schafen! Saltimbocca kann man auch prima aus Lammschnitzel, Salbei, Tomaten und rohem Schinken zubereiten.

Bohnenkraut
Auch als Pfefferkraut bekannt ist dieses Kraut eine Bereicherung für jedes Lamm- und Ziegengericht. Die Schärfe ist am stärksten, wenn es nicht gekocht wird und erst kurz vor dem Anrichten verwendet wird. (Das gilt natürlich auch für Bohnen.) Gerade bei fettem Fleisch regt Bohnenkraut den Appetit an und macht das Fleisch bekömmlicher.

Vogelmiere
Das kleine grüne Kraut hat ein Aroma, das an Futtermais erinnert. Ich kombiniere es gerne zu Mais und Polenta.

GEWÜRZKUNDE

Gewürze sind im Prinzip nichts anderes als die konzentrierte Essenz von Kräutern – meist bestehend aus dem getrockneten, aromatischen Teil der Pflanze (Samen, Beeren, Wurzel, Samenstände, Stängel, Blätter). Die herrliche Doppelbegabung von gut schmeckend und wohltuend machen die Gewürze so beliebt. So regen die Scharfstoffe (Ingwer, Chili, Paprika, Pfeffer) die Verdauung an. Kümmel, Anis und Fenchel helfen, wenn der Bauch drückt. Ist dieser gerade sehr nervös finden wir Linderung bei Enzian, Baldrian, Ysop, Kardamom, Zimt und Nelke.

Gewürzmischungen
Sind Mischungen von Gewürzen, die nach Art und Verwendung bezeichnet werden, z. B. Lebkuchengewürz, Ducca, Bebere, Ras el-Hanout. Je mehr Salz in einer Gewürzmischung ist, desto schlechter ist meist die Qualität.

Gewürzzubereitungen
Sind Mischungen von Gewürzen mit anderen Stoffen (z. B. Zucker, Glutamat, Hefeextrakt, Stärkemehl). Der Gewürzanteil muss aber mindestens 60 % betragen.

Gewürzpräparate
Sind Mischungen von Gewürzen und Gewürzmischungen mit weiteren zulässigen Stoffen, die nach ihrer Zweckbestimmung bezeichnet werden müssen.

Gewürzsalze
Sind Mischungen von Gewürzen und/oder Gewürzzubereitungen mit mehr als 40 % Salz. Der Gewürzanteil muss mindestens 15 % betragen.

Salz
Ich bevorzuge nicht raffiniertes Salz – am besten aus dem Meer. Darüber hinaus sollten grobes Meersalz, feines Kristallsalz, Flor de sal oder Fleur de sel und Rauchsalz in der Küche nicht fehlen.

Pfeffer
Am besten kauft man Pfeffer als Körner, denn diese sind viel aromatischer als die gemahlenen Varianten. Zu den außergewöhnlichen Pfeffersorten zählen Tasmanischer Bergpfeffer oder Schwanzpfeffer. Sie werden überrascht sein, welch tolle Geschmacksnoten Sie herausschmecken können.

Bockshornklee

Das Brot- oder Käsegewürz wird auch als Bestandteil in Currypulver geschätzt. Eingeweicht und in Gläsern gekeimt kann man aus Bockshornkleesamen Sprossen ziehen, deren Geschmack an Curry erinnern. Damit können Sie nicht nur Ihren Salat aufpeppen.

Nelke oder Nelkenwurz

Die getrockneten Blütenknospen werden in Fleischgerichten und auch bei Süßspeisen zur Abrundung eingesetzt. Verantwortlich für Geschmack und Duft ist der hohe Anteil an ätherischen Ölen.

Piment

Der Nelkenpfeffer wird bei uns hauptsächlich in der Wurst- und Saucenherstellung verwendet und besticht neben seinem Pfefferaroma auch mit den Kopfnoten von Zimt, Muskat und Nelke.

Wacholder

Die Beere mit ihrem würzigen, harzigen Geruch und dem kräftig-süßen Geschmack ist in Saucen und Schmorgerichten nicht wegzudenken. In Verbindung mit Zitrone, Orange und Kräutern bekommt man eine schöne Harmonie. Die Wacholderzweige werden auch gerne zum Räuchern verwendet.

Lorbeerblätter

Die grünen frischen Blätter schmecken leicht säuerlich, bitter und etwas süß. Zuerst treten die frischen, blumigen Noten hervor, anschließend setzen sich Eukalyptus und der leicht bittere Geschmack durch.

Kümmel

Kümmelsamen werden gerne bei schwerverdaulichen Gerichten verwendet. Die vielen ätherischen Öle regen die Verdauung an und besitzen unter anderem krampflösende Eigenschaften.

Kreuzkümmel

Auch Kumin genannt, ist er als Doldenblütler mit dem normalen Kümmel nicht näher verwandt. Er verleiht Hummus seinen typischen Geschmack und intensives Aroma.

Senfkörner

Die Schärfe der kleinen Körner stammt von den Senfölglykosiden, die unter anderem auch bei Meerrettich, Wasabi und Kresse für den Geschmack verantwortlich sind. Die verschiedenen Senfsorten bereichern unseren Speise- und Würzzettel.

Paprikapulver

Das beliebte Pulver wird nicht nur wegen seiner Farbe geschätzt. Der Geschmack variiert vom milden Delikatesspaprika, über den scharfen Rosenpaprika bis hin zum leicht rauchig scharfen Piment d‘Espelette aus Frankreich.

GEWÜRZMISCHUNGEN

Nachfolgend habe ich eine kleine Auswahl an Gewürzmischungen zusammengestellt, die ich für Lamm, Schaf und Ziege interessant finde und in meinem Gewürzschrank nicht fehlen dürfen. Zudem verwende ich diese auch zum Abschmecken unterschiedlicher Gemüsezubereitungen.

Garam Masala
Bedeutet „heißes Gewürz" auf Hindi und wird in vielen Currys in der indischen Küche verwendet. Ich würze damit gern auch Schmorgerichte und Gemüse.

Curry
Ist eigentlich in Indien keine Gewürzmischung, sondern ein Eintopf aus Fisch oder Fleisch mit Gemüse und Gewürzen. Currypulver besteht aus Kurkuma, Bockshornklee, Koriander, Zitronengras, Ingwer, Chili, Knoblauch, Nelke, Zimt etc.

Ras el-Hanout
Ras el-Hanout ist arabisch und bedeutet in Marokko „Chef des Ladens". Das Gewürz für nordafrikanischen Couscous schmeckt auch in vielen Gemüsegerichten.

Ducca
Eigentlich eine äthiopische Fischpanade bestehend aus: Sesam, Kichererbsen, Kreuzkümmel, Koriander, Thymian, Pfeffer, Minze und Salz. Ich verwende es aber auch gerne zum Würzen und Marinieren von kurzgebratenem Lammfleisch.

Quatre Epices
Auch bekannt unter dem Namen Vier-Gewürze-Mischung, die früher hauptsächlich zum Würzen von Pasteten und Terrinen verwendet wurde. Aus diesem Grunde benutze ich es auch heute noch bei der Ziegenpastete. Klassisch gehören Pfeffer, Muskat, Nelke und Ingwer dazu.

Kräuter der Provence
Der besondere Duft und das Aroma von Lavendel, Thymian und Rosmarin entwickeln sich in südlichen Gefilden durch die warme und trockene Hitze am besten. Ab ca. 40 °C Außentemperatur werden in der Pflanze Flavonoide gebildet (sekundäre Pflanzenstoffe).

Berbere
Die leicht scharfe Gewürzmischung aus Äthiopien und Eritrea besteht meistens aus Chili, Ingwer, Zimt, Nelke, Koriandersaat, Piment etc. Passt hervorragend zu kräftigen Gerichten, die eine schöne Schärfe bekommen sollen.

Baharat
Ein Allroundgewürz aus dem arabischen Raum vorwiegend zusammengesetzt aus Pfeffer, Paprika, Koriander, Nelken, Kumin, Kardamom, Muskat, Zimt etc. Passt hervorragend zu Hackfleischgerichten von Schaf und Ziege.

Harissa
Die scharfe Gewürzpaste wird mittlerweile auch gerne als Pulver angeboten (siehe Seite 53). Harissa kann man prima zum Würzen der scharfen Merguez-Wurst verwenden.

Zatar
Das Brotgewürz mit Sesam und verschiedenen Kräutern wird in der arabischen Küche gerne und häufig verwendet. Gerade die Kopfnoten von Thymian und Kumin sind in Verbindung mit Ziegenfleisch samt Brotfüllung der Knaller.

Keule
mit
Haxe
Sattel
Bauch

LAMM- UND ZICKLEINREZEPTE

FONDS, SAUCEN, PESTO, DIPS UND ÖLE

Fonds, die als Grundlage für Saucen dienen, bereitet man am besten selbst zu; die fertigen aus dem Glas kommen geschmacklich nicht an die selber gemachten ran. Am besten, Sie bereiten gleich eine ordentliche Menge zu, frieren den kräftigen Fond portionsweise ein, um ihn dann bei Bedarf weiterzuverwenden. Ob Schokoladensauce, frisches Pesto, Dips oder raffinierte Öle zum Marinieren – nachfolgend finden Sie zahlreiche Rezepte, die die Hauptgerichte ergänzen.

HELLER LAMMFOND

Einfach | Zubereitungszeit: 30 Minuten, Garzeit: 2 Stunden | Ergibt ca. 3 Liter Fond

3000 g Lammknochen oder Lammparüren (Sehnen und Fleischabschnitte)
300 ml Weißwein
200 g Zwiebeln
100 g Karotten
100 g Fenchel
100 g Knollensellerie
1 Thymianzweig
1 Rosmarinzweig
1 Knoblauchzehe
3 Pimentkörner
10 Pfefferkörner
2 Nelken
20 g Fenchelsaat
1 Lorbeerblatt

> Knochen fein zerhacken, in einen Topf geben, Weißwein hinzufügen und mit Wasser bedecken.

> Einmal aufkochen lassen und den entstehenden Schaum abschöpfen.

> Zwiebeln, Karotten, Fenchel und Knollensellerie putzen, klein schneiden und hinzufügen. Bei milder Hitze ca. 2 Stunden köcheln lassen.

> Thymian, Rosmarin, Knoblauch, Piment, Pfeffer, Nelken, Fenchel und das Lorbeerblatt im Mörser zerreiben und hinzufügen.

> Ca. 20 Minuten ziehen lassen und anschließend durch ein feines Haarsieb oder Tuch passieren und erkalten lassen.

> Im kalten Zustand das Fett entfernen.

DUNKLER LAMMFOND

☆ Einfach Zubereitungszeit: 30 Minuten, Garzeit: 3–3 ½ Stunden Ergibt ca. 1 Liter kräftigen Fond

2500 g Lammknochen
Lammfett
300 g Zwiebeln
150 g Karotten
100 g Knollensellerie
30 g Tomatenmark
300 ml Rotwein
1 Lorbeerblatt
1 Zweig Thymian
1 Zweig Rosmarin
1 Knoblauchzehe
3 Pimentkörner
10 Pfefferkörner
2 Nelken

TIPP **Fond entweder in kleine Gefäße abfüllen und einfrieren oder in Gläser im Dampf bei 100 °C 45 Minuten einkochen. Dann sind diese mehrere Wochen im Kühlschrank haltbar.**

> Knochen fein zerhacken und in einer Kasserolle mit etwas Lammfett von allen Seiten anbraten.

> Zwiebeln, Karotten und Knollensellerie schälen, zerkleinern, dazugeben und 5–8 Minuten mitrösten.

> Fett abgießen, Tomatenmark unterrühren und kurz anrösten.

> Nach und nach den Rotwein zugießen und die Flüssigkeit jeweils einkochen lassen. Das gibt dem Fond eine schöne, klare und dunkelbraune Farbe.

> Kaltes Wasser über die Knochen gießen und aufkochen lassen.

> Anschließend mit einer Schöpfkelle den Schaum entfernen.

> Bei 85–95 °C im Backofen oder auf dem Herd im offenen Topf 3–3 ½ Stunden köcheln lassen.

> Lorbeer, Thymian, Rosmarin, Knoblauch, Piment, Pfeffer und Nelken im Mörser zerstoßen, dazugeben und weitere 20 Minuten ziehen lassen.

> Den Fond durch ein feines Haarsieb oder Tuch passieren und im kalten Zustand entfetten.

> Danach erneut erhitzen und reduzieren lassen, bis der Fond den gewünschten Geschmack hat.

ROSMARINSAUCE

Einfach · Zubereitungszeit: 15 Minuten · Für 8 Personen

400 g reduzierter dunkler Lammfond (Seite 43)

100 ml Rotwein

Mondamin

2 Zweige Rosmarin

Salz

Pfeffer

> Lammfond und Rotwein verkochen.
> Mit etwas angerührtem Mondamin abbinden.
> Die Rosmarinnadeln abzupfen und mit einem Messer fein hacken.
> Die Sauce mit Rosmarin, Salz und Pfeffer abschmecken.

LAMM-OLIVEN-SAUCE

Einfach · Zubereitungszeit: 15 Minuten · Für 8 Personen

400 g reduzierter dunkler Lammfond (Seite 43)

100 ml Rotwein

Mondamin

50 g Olivenpaste (Seite 48)

Salz, Pfeffer

> Den Lammfond mit dem Rotwein verkochen.
> Mit etwas angerührtem Mondamin abbinden.
> Die Olivenpaste mit einem Schneebesen unter die Sauce rühren.
> Mit Salz und Pfeffer abschmecken.

HERZHAFTE SCHOKOLADENSAUCE MIT GARAM MASALA

Einfach · Zubereitungszeit: 15 Minuten · Für 8 Personen

500 ml Lammfond (Seite 43)

100 ml Portwein

50 g Kuvertüre (66 % Kakaoanteil von Original Beans)

Garam Masala

Salz

> Lammfond und Portwein um die Hälfte reduzieren lassen.
> Die Kuvertüre in Stücke hacken und in der Reduktion langsam schmelzen lassen.
> Die Schokoladensauce mit Garam Masala und Salz abschmecken.

TOMATENSAUCE

☆ Einfach · Zubereitungszeit: 20 Minuten, Garzeit: 20 Minuten · Für 6 Personen

- 40 g Staudensellerie
- 40 g Karotten
- 50 g Fenchel
- 1 Knoblauchzehe
- 50 g Schalotten oder Zwiebeln
- 20 g Bauchspeck
- 50 ml Olivenöl
- 50 g Weißwein
- 1000 g passierte Tomaten
- Salz, Pfeffer
- 1 TL Zucker
- Gin
- Basilikum

> Staudensellerie, Karotten, Fenchel, Knoblauch und Schalotten schälen bzw. putzen und in einer Küchenmaschine fein mixen.

> In einem Topf den Bauchspeck mit Olivenöl andünsten.

> Den Gemüsemix dazugeben und mit Weißwein ablöschen. Reduzieren lassen.

> Die passierten Tomaten hinzufügen und etwas einkochen lassen.

> Mit Salz, Pfeffer, Zucker und Gin abschmecken und kleingeschnittenes oder getrocknetes Basilikum unterrühren.

TIPP **Die Tomatensauce können Sie gut auf Vorrat kochen. Entweder Sie kochen sie in Gläsern ein oder geben sie in den Gefrierschrank. Fügen Sie ruhig auch andere Kräuter hinzu. Anstelle von Gin passt auch Pernod, Grappa oder ein rauchiger Whisky.**

GEMÜSEPASTE FÜR LAMMGERICHTE

Einfach · Zubereitungszeit: 10 Minuten · Für den Vorrat

100 g Meersalz
1 Lorbeerblatt
10 g Piment
20 g Fenchelsamen
10 g Pfefferkörner
2 Sternanis
5 g Kreuzkümmel
20 g Thymian
20 g Zucker
100 g Sellerieknolle
100 g Petersilienwurzel
100 g Karotten
50 g weißes vom Lauch
50 g Fenchel

> Meersalz, Lorbeerblatt, Piment, Fenchel, Pfeffer, Sternanis, Kreuzkümmel, Thymian und Zucker im Mixer fein mahlen.

> Sellerie, Petersilienwurzel, Karotten, Lauch und Fenchel waschen und putzen. Gemüse in Stücke schneiden.

> In Stücke geschnittenes Gemüse nach und nach in den Mixer geben und pürieren, bis eine homogene Masse entsteht.

> Die Gemüsepaste in ein Glas mit Schraubverschluss füllen und verschließen.

> Für die Weiterverarbeitung jeweils 40 g Gemüsepaste mit etwa 600 ml Wasser aufkochen oder in 600 ml Fond einrühren.

TIPP Diese Paste wird Ihnen beim Kochen viel Spaß bereiten, zudem muss sie nicht im Kühlschrank gelagert werden. Mit Gemüsepaste würze ich gerne auch Gerichte, denen es etwas an Salz fehlt.

SCHWARZE BOHNENSAUCE

Einfach — Zubereitungszeit: 15 Minuten + 8 Stunden Einweichzeit, Garzeit: 30 Minuten

Für 6 Personen

250 g schwarze Bohnen

300 ml Lammfond (alternativ Gemüsepaste + Wasser)

1 Knoblauchzehe

1 Lorbeerblatt

50 g Zwiebel

50 g Speck

20 ml Olivenöl

Salz, Pfeffer

10 g Bohnenkraut, gehackt

> Die Bohnen über Nacht in kaltem Wasser einweichen.

> Das Wasser abgießen und mit Lammfond aufgießen, so dass die Bohnen ca. 1 cm bedeckt sind und anschließend zum Kochen bringen. Anstelle von Lammfond können Sie auch Gemüsepaste und Wasser verwenden.

> Knoblauch schälen und hacken. Lorbeerblatt und Knoblauch hinzufügen.

> Zwiebel schälen. Zwiebel und Speck würfeln, beides in einer Pfanne mit Öl anschwitzen und zu den bereits kochenden Bohnen geben.

> Je nach Größe müssen die Bohnen zwischen 20 und 30 Minuten garen, bis sie weich sind.

> Alles zusammen mixen und mit Salz, Pfeffer und Bohnenkraut abschmecken.

TIPP **Nach Bedarf können Sie der Bohnensauce einen Säurekick geben: Dafür 120 ml dunklen Balsamico auf etwa 40 ml reduzieren und unterrühren.**

BASILIKUM-PESTO

Einfach · Zubereitungszeit: 10 Minuten · Für 6 Personen

60 g Pinienkerne

4 Knoblauchzehen

160 g Basilikumblätter

10 g grobes Salz

250 ml kalt gepresstes Olivenöl

120 g Pecorino oder Parmesan

Pfeffer

> Pinienkerne in einer Pfanne goldbraun anrösten und abkühlen lassen. Knoblauch schälen. Basilikum waschen und zupfen.

> Grobes Salz, Knoblauch und Pinienkerne im Mixer zerkleinern. Basilikum und Olivenöl zugeben und mixen.

> Den Käse reiben und unterrühren. Mit Pfeffer abschmecken und in ein Glas abfüllen.

TIPP Basilikum-Pesto sollte immer mit etwas Olivenöl bedeckt sein, damit es nicht mit der Luft in Berührung kommt und somit länger hält. Sie können das Basilikum auch durch Wildkräuter oder andere Kräuter, die Pinienkerne durch Sonnenblumenkerne oder Sesam und das Olivenöl durch Sonnenblumenöl oder Sesamöl ersetzen.

OLIVEN-PESTO

Einfach · Zubereitungszeit: 10 Minuten · Für 6 Personen

200 g entsteinte schwarze Oliven

1 Sardellenfilet

100 g kalt gepresstes Olivenöl

Salz

Pfeffer aus der Mühle

> Oliven und das Sardellenfilet im Mörser zerkleinern.

> Nach und nach das Olivenöl zugeben. Alternativ kann man auch alles in einem kleinen Küchenmixer pürieren.

> Das Oliven-Pesto mit Salz und Pfeffer abschmecken.

TOMATEN-PESTO

☆ Einfach ◷ Zubereitungszeit: 10 Minuten Für 6 Personen

60 g Pinienkerne

160 g getrocknete Tomaten in Öl eingelegt

4 Knoblauchzehen

250 ml kalt gepresstes Olivenöl

50 g Pecorino

5 g Thymian, gehackt

Salz, Pfeffer

> Pinienkerne in einer Pfanne goldbraun anrösten und abkühlen lassen. Abgetropfte Tomaten und Pinienkerne in den Mixer geben. Knoblauch schälen, hinzufügen und alles zerkleinern.

> Olivenöl zugeben und zu einer homogenen Masse verrühren. Käse reiben und unterrühren.

> Mit Thymian, Salz und Pfeffer abschmecken und in ein Glas abfüllen.

TIPP Anstelle von Salz kann man auch Sardellen verwenden.

BARBEQUESAUCE MIT DUCCA

☆ Einfach ⏲ Zubereitungszeit: 10 Minuten, Garzeit: 15 Minuten Für 6 Personen

100 g Bacon
20 ml Olivenöl
100 g Schalotten
20 g Knoblauch
60 g Rohrohrzucker
10 g Sherryessig
50 g Tomatenmark
120 g passierte Tomaten
10 g grober Senf
Worcestersauce
Tabasco
Saft von 1 Limette
Chillipulver
Paprikapulver
5 g Salz
20 g Ducca

> Bacon in feine Streifen schneiden und in einer Pfanne mit Olivenöl anschwitzen.

> Schalotten schälen und würfeln. Knoblauch schälen, hacken und beides zugeben.

> Rohrzucker hinzufügen und karamellisieren lassen, bis eine dickflüssige Masse entstanden ist.

> Mit Sherryessig ablöschen. Tomatenmark, passierte Tomaten und Senf hinzufügen und 2 Minuten köcheln lassen.

> Die Sauce pürieren und durch ein Sieb passieren.

> Anschließend erneut erwärmen und mit Worcestersauce, Tabasco, Limettensaft, Chilipulver, Paprikapulver, Salz und Ducca abschmecken. Die fertige Sauce abkühlen lassen und kalt stellen.

TIPP **Für Barbecueliebhaber empfehle ich die doppelte Menge zuzubereiten. Die Sauce kann im Kühlschrank bis zu 1 Woche gelagert werden.**

PFLAUMEN-TOMATEN-KETCHUP

☆ Einfach · Zubereitungszeit: 20 Minuten, Garzeit: 30 Minuten · Für 6 Personen

120 g Bacon
100 g Zwiebeln
20 ml Olivenöl
20 g Tomatenmark
250 g Tomaten
500 g Pflaumen
2 Sternanis
40 g Sojasauce
50 g Himbeeressig
100 g Zucker
10 g Berbere (scharfe Gewürzmischung aus der äthiopischen Küche)
10 g Worcestersauce
10 g grüne Kardamomkapseln
10 g Koriander
Salz, Pfeffer

> Bacon in feine Streifen schneiden. Zwiebel schälen und klein schneiden. Beides in einer Pfanne mit Olivenöl anschwitzen.

> Tomatenmark zugeben und kurz andünsten.

> Tomaten würfeln. Pflaumen entsteinen. Pflaumen, Tomaten und Sternanis hinzufügen und weich kochen.

> Sojasauce, Himbeeressig, Zucker, Berbere, Worcestersauce, Kardamom und Koriander zugeben.

> Alles zusammen ca. 5 Minuten kochen lassen. Anschließend pürieren und durch ein Sieb passieren.

> Den Pflaumen-Tomaten-Ketchup auf die gewünschte Konsistenz einkochen lassen und wenn nötig mit Salz und Pfeffer abschmecken.

BÄRLAUCHQUARK

Einfach · Zubereitungszeit: 5 Minuten · Für 6 Personen

500 g Quark
100 g Crème fraîche
Limettensaft
Salz, Pfeffer
20 g Bärlauch

> Quark mit Crème fraîche cremig rühren und mit Limettensaft, Salz und Pfeffer abschmecken.

> Bärlauch waschen, in feine Streifen schneiden und untermischen.

ZIEGENFRISCHKÄSE MIT HARISSA

Einfach · Zubereitungszeit: 10 Minuten · Für 6 Personen

300 g Ziegenfrischkäse
150 g Joghurt
Olivenöl
Harissa, Salz

> Frischkäse mit Joghurt und Olivenöl verrühren.

> Mit Harissa und Salz nach Geschmack und Schärfe abschmecken.

FRISCHKÄSE-DIP MIT CURRY

Einfach · Zubereitungszeit: 10 Minuten · Für 6 Personen

150 g Apfelwürfel
10 ml Erdnussöl
Currypulver
300 g Frischkäse (evtl. auch von Ziege oder Schaf)
100 g Sahne
Salz

> Apfelwürfel mit Öl und Currypulver in einem Topf ca. 3 Minuten garen. Die Äpfel sollten noch etwas Biss haben.

> Den Frischkäse und die Sahne mit den gegarten Apfelwürfeln verrühren.

> Die Masse mit Salz würzen und eventuell mit etwas Curry nachschmecken.

SELBST GEMACHTES HARISSA

☆ Einfach ⏱ Zubereitungszeit: 15 Minuten, Trocknungszeit: 40 Minuten

20 g Knoblauch
10 g Orangenschale
20 g Ingwer
40 g Koriandersaat
20 g Fenchelsamen
10 g Anis, ganz
20 g Kreuzkümmel, ganz
40 g Paprikapulver
10 g Kurkuma
2–3 Chilischoten, getrocknet
20 g Rauchsalz
10 g Zitronenverbene, getrocknet
10 g Zitronenmelisse, getrocknet

> Knoblauch schälen. Orangenschale, Knoblauch und Ingwer in Scheiben schneiden und bei 40 °C im Backofen 40 Minuten trocknen.

> Koriander, Fenchel, Anis und Kreuzkümmel in der Pfanne rösten und abkühlen lassen.

> Die angerösteten Gewürze mit Knoblauch, Orangenschale und Ingwer sowie Paprikapulver, Kurkuma, Chili, Rauchsalz, Zitronenverbene und Zitronenmelisse fein mahlen.

DUCCA-GEWÜRZMISCHUNG

☆ Einfach ⏱ Zubereitungszeit: 15 Minuten

200 g Kichererbsen
70 g Korianderkörner
45 g Kreuzkümmelsamen
40 g schwarze Pfefferkörner
40 g Salz
15 g Basilikumblätter, getrocknet
10 g Minze
5 g Blätter Zitronenverbene
250 g Sesam, leicht angeröstet

> Kichererbsen, Korianderkörner, Kreuzkümmelsamen, Pfefferkörner und Salz in einem Mixer mahlen.

> Basilikum, Minze und Zitronenverbene zugeben und mit mixen.

> Danach den Sesam zugeben und alles miteinander vermengen.

FENCHELÖL MIT ZITRONE UND KORIANDER

Einfach · Zubereitungszeit: 10 Minuten, Reifezeit: ca. 3–4 Tage · Für den Vorrat

20 g Fenchelsamen
10 g Anissamen
20 g Koriandersaat
4 unbehandelte Zitronen
3 Stängel Zitronengras
1 Zimtstange
500 ml Olivenöl
4 Stängel Koriandergrün

> Fenchel, Anis und Koriander in einer Pfanne anrösten und im Mörser grob zerstoßen.

> Zitronen heiß abwaschen, trocken reiben und dünn schälen. Die Schalen in gleichmäßige Streifen schneiden.

> Zitronengras fein schneiden. Zitronenschalen, Zitronengras und Zimtstange mit den gemörserten Gewürzen mischen.

> Alles zusammen mit dem Olivenöl in eine Flasche abfüllen. Das Koriandergrün dazugeben. Vor dem Gebrauch 3–4 Tage ziehen lassen.

MEDITERRANES GEWÜRZÖL

Einfach · Zubereitungszeit: 10 Minuten, Reifezeit: 3–4 Tage · Für den Vorrat

3 Knoblauchzehen
3 Zweige Rosmarin
3 Zweige Bohnenkraut
1 Zweig Salbei
1 Chilischote
2 unbehandelte Orangen
500 ml Olivenöl

> Knoblauchzehen zerdrücken und mit Rosmarin, Bohnenkraut und Salbei in eine Flasche geben.

> Die Chilischote anschneiden und hinzufügen. Die Orangen heiß abwaschen, trocken reiben, dünn schälen und die Orangenschale dazugeben.

> Alles mit Olivenöl auffüllen und vor dem Gebrauch 3–4 Tage ziehen lassen.

TIPP **Diese Öle sind nicht nur zum Kochen, Marinieren und Würzen gut zu gebrauchen. Für mich sind sie auch ein schönes Mitbringsel für gute Freunde.**

SCHINKEN, WURST, PASTETEN, SÜLZEN, PATTYS

Sie wollen schon lange Merguez oder Pastete einmal selbst herstellen? Oder gar Schinken? Hier finden Sie ambitionierte Rezepte für Enthusiasten und schöne Kochprojekte fürs Wochenende.

GERÄUCHERTER SCHINKEN

☆ Für Enthusiasten ◷ Zubereitungszeit: ca. 1 Stunde, Pökelzeit: 12 Tage, Reifezeit: mehrere Wochen
Für den Vorrat

Für ca. 5 kg rohes Fleisch (vorzugsweise aus der Keule von Schaf, Ziege oder Lamm) benötigt man:

250 g Pökelsalz

25 g schwarze Pfefferkörner

15 g Piment

20 g Kreuzkümmel

40 g Knoblauch

25 g frische Lorbeerblätter

15 g frischer Rosmarin

> Für das Gewürzsalz das Pökelsalz, Pfeffer, Piment, Kreuzkümmel, geschälten Knoblauch, Lorbeerblätter und abgezupfte Rosmarinnadeln fein mixen.

> Die Keulen mit dem Gewürzsalz einreiben und im Vakuumierbeutel vakuumieren. Alternativ kann man auch einen Behälter mit Deckel verwenden und das Fleisch zwischendurch wenden.

> Nach ca. 12 Tagen das Fleisch aus der Lake nehmen, abwaschen und abtrocknen.

> Den Schinken weitere 3 Wochen an einem kühlen Ort trocknen lassen.

> Anschließend bei 18 °C 24 Stunden kalträuchern. Dann vakuumieren und weitere 4–6 Wochen in der Kühlung reifen lassen.

> So ist der Schinken gut 1 Jahr haltbar.

LAMMSALAMI

☆ Ambitioniert Zubereitungszeit: 40 Minuten, Reifezeit: 2–3 Wochen Für den Vorrat

20 g Fenchelsaat

32 g Meersalz

32 g Pökelsalz

6 g weißer Pfeffer

6 g Rohrzucker

1 kg fettes Lammfleisch (Bauch, Nacken)

2 kg mageres Lammfleisch (Keule)

Därme zum Füllen

> Für die Gewürzmischung Fenchelsaat in einer Pfanne kurz anrösten. Meersalz, Pökelsalz, Pfeffer, Rohrzucker und Fenchelsaat leicht mörsern.

> Beide Lammfleischsorten in sehr kaltem Zustand mit den Gewürzen vermengen und durch die grobe Scheibe des Fleischwolfes drehen.

> Das zerkleinerte Fleisch in Därme abfüllen und an einem kühlen Ort (ca. 10 °C) 6 Tage trocknen lassen. Dann die Salami im kalten Rauch (12–18 °C) 10 Stunden goldgelb räuchern.

> Anschließend in der Rauchkammer weitere 12 Stunden nachziehen lassen und weitere 2 Wochen im Keller bei ca. 10 °C reifen lassen.

TIPP Der Fenchel kann z. B. durch scharfes Paprikapulver ersetzt werden. Natürlich schmecken auch Kräuter wie Thymian und Rosmarin. Für Ziegensalami kann das gleiche Rezept verwendet werden. Dieses wird allerdings ohne Zugabe von zusätzlichem Fett sehr trocken – ich empfehle 2/3 Fleisch und 1/3 Fett vom Schwein.

LAMMGRILLWURST FEIN

☆ Schwer ◷ Zubereitungszeit: 40 Minuten, Garzeit: 20 Minuten Für 6 Personen

600 g reines Lammfleisch aus Schulter oder Nacken

1 Ei

24 g Kristallsalz

2 g Tasmanischer Bergpfeffer

1 g Macis oder Muskat

3 Knoblauchzehen

10 g Ingwer, fein gewürfelt

300 g Lammbauch mit viel Fett

100 g Eiswürfel

50 g Pinienkerne, angeröstet

100 g getrocknete Aprikosen, in feine Würfel geschnitten

20 Basilikumblätter, in feine Streifen geschnitten

Därme zum Füllen

> Lammfleisch durch die feine Scheibe des Fleischwolfes drehen und mit Ei, Kristallsalz, gemahlenem Bergpfeffer, Macis, geschälten Knoblauchzehen und Ingwer vermischen und kurz einfrieren.

> Den Lammbauch durch die feine Scheibe des Fleischwolfes drehen und kurz einfrieren. (Je kälter die Zutaten verarbeitet werden, desto besser.)

> Das Lammfleisch im sehr kalten Zustand im Küchenkutter fein auskuttern.

> Dann den fein zerkleinerten Lammbauch zugeben und mit den Eiswürfeln weiter kuttern, bis die Masse anfängt zu glänzen.

> Pinienkerne, Aprikosen und den Basilikum zugeben. Mithilfe einer Wurstpresse die Masse in Därme füllen und die Würstchen im Salzwasser bei 95 °C pochieren.

> Anschließend die Lammwürstchen von allen Seiten auf dem Grill grillen.

TIPP **Gerne können Sie die Würstchen auf Vorrat zubereiten und nach dem Pochieren einfrieren.**

GROBE LAMMWÜRSTCHEN

Mittel   Zubereitungszeit: 40 Minuten, Garzeit: 30 Minuten   Für 6 Personen

100 g Karotten

100 g Sellerie

50 g Zwiebel

100 g Lauch

3 Knoblauchzehen

Olivenöl

600 g reines Lammfleisch aus Schulter, Nacken oder Bauch

2 Eier

50 g Pinienkerne, angeröstet

20 Basilikumblätter, in feine Streifen geschnitten

15 g Salz

Pfeffer

Muskat

Seitlingsdärme zum Füllen

> Karotten, Sellerie, Zwiebel, Lauch und Knoblauch putzen bzw. schälen, in grobe Würfel schneiden und mit etwas Olivenöl in einer Pfanne hellbraun anschwitzen und abkühlen lassen.

> Lammfleisch mit dem Gemüse durch die feine Scheibe des Fleischwolfes drehen.

> Eier, Pinienkerne und Basilikum dazugeben und mit Salz, Pfeffer und Muskat würzen. Die Masse mithilfe eines Wurstfüllers in Seitlingsdärme abfüllen.

> Die groben Lammwürstchen in einer Pfanne mit etwas Öl goldbraun braten.

TIPP Sie haben keinen Wurstabfüller? Formen Sie mit der Hand lange Würste, wälzen Sie diese in Couscous und braten Sie sie in der Pfanne kurz an.

Abfüllen der Wurst

LAMM-PATTYS

Einfach · Zubereitungszeit: 20 Minuten, Garzeit: 30 Minuten · Für 6 Personen

700 g Keulenfleisch
300 g Schulterfleisch
15 g Salz
3 g Pfeffer

> Fleisch mit Salz und Pfeffer würzen und im sehr kalten Zustand durch die mittlere Scheibe des Fleischwolfs drehen.
> Mithilfe von Portionsringen 150 g schwere Fleischpattys herstellen und einfrieren.
> Die Pattys von beiden Seiten kurz und heiß anbraten und im Ofen bei 70 °C durchziehen lassen. Am schönsten ist der Burger, wenn das Fleisch medium gebraten wird.

TIPP **Folgende Geschmacksvarianten finde ich sehr empfehlenswert: Salz, Pfeffer und Piment d'Espelette und den Burger mit gebratenem Radicchio, gehobeltem Pecorino und geschmorter Paprika belegen.**
Auch ganz fein: Salz, Pfeffer, Fenchelsaat und 200 g gewürfelten Ziegenfrischkäse in die Hackfleischmasse geben und den Burger mit Birne, krossem Speck und Kopfsalatherzen belegen.

BURGER-FOCACCIA-BUNS

Einfach · Zubereitungszeit: 20 Minuten, Ruhezeit: 50 Minuten, Backzeit: 15 Minuten
Für 6 Personen

400 g Mehl
40 g Hefe
220 ml Wasser
50 ml Olivenöl
10 g Salz
Flor de sal
Rosmarin
Olivenöl zum Beträufeln

> Mehl und Hefe vermischen. Wasser, Olivenöl und Salz zugeben und in der Küchenmaschine einen glatten Teig herstellen.
> Den Teig in 100 g große Stücke teilen, zu Kugeln formen und etwas platt drücken. Bei Raumtemperatur etwas aufgehen lassen.
> Den Backofen auf 200 °C (Ober-/Unterhitze) vorheizen. Mit den Fingern auf der Bun-Oberfläche kleine Mulden eindrücken. Mit etwas Flor de sal, Rosmarin und Olivenöl beträufeln und im heißen Backofen bei 200 °C ca. 15 Minuten backen.

MERGUEZ

☆ Mittel Zubereitungszeit: 40 Minuten, Garzeit: 40 Minuten Für 6 Personen

10 g Piment d'Espelette (oder rosenscharfes Paprikapulver)

2 g Pfeffer

1 g Kreuzkümmel

5 g Koriander

1–2 Chilischoten

0,5 g Muskat

10 Pimentkörner

3 grüne Kardamomkapseln

5 g Oregano

3–4 Knoblauchzehen

10 g Ingwer

abgeriebene Schale von 1 Zitrone

1 kg Lammfleisch (Schulter oder Bauch)

22 g Salz

ca. 100 ml Eiswasser (0 °C)

Seitlingsdärme zum Füllen

> Für die Gewürzmischung Piment d'Espelette, Pfeffer, Kreuzkümmel, Koriander, Chili, Muskat, Piment, Kardamom und Oregano fein mörsern.

> Knoblauch schälen. Knoblauch und Ingwer fein hacken und dazugeben. Zitronenabrieb hinzufügen.

> Das Lammfleisch grob würfeln, mit der Gewürzmischung und dem Salz vermengen und durch die feine Scheibe des Fleischwolfes drehen.

> Abgedeckt im Kühlschrank 10 Minuten ruhen lassen.

> Dann die Masse mit dem Eiswasser kräftig vermengen und mithilfe eines Wurstabfüllers in feine Seitlingsdärme abfüllen.

> Die Merguez in einer Pfanne mit etwas Fett braten.

TIPP **Mit dieser Wurst wird jede Linsensuppe aromatisch verfeinert.**

LAMMLEBER-PASTETE NACH GROSSMUTTERS ART

☆ Einfach ◷ Zubereitungszeit: 40 Minuten, Garzeit: 3 Stunden Ergibt ca. 10 Gläser à 250 g

1100 g gegartes Lammfleisch

1200 g rohe Lammleber

4 Eier

15 g Pökelsalz

20 g Kristallsalz

8 g Fenchelsaat

6 g Thymianblättchen

6 g Piment d'Espelette

8 g Koriander

100 g Semmelbrösel

50 ml Calvados

> Lammfleisch und Lammleber durch die mittlere Scheibe des Fleischwolfes drehen.

> Die Eier dazugeben. Pökelsalz, Kristallsalz, Fenchelsaat, Thymian, Piment d'espellete und Koriander mörsern und hinzufügen.

> Semmelbrösel und Calvados zugeben und alles miteinander verkneten.

> Die Masse in Gläser füllen und im Dampf oder im Einkochtopf bei 95 °C 3 Stunden garen.

> Die Lammleber-Pastete abkühlen lassen und im Kühlschrank lagern.

TIPP Die Masse können Sie auch als Füllung verwenden, z. B. für ein gefülltes Brot oder für kleine gefüllte Blätterteigtaschen.

LAMMLEBER-PARFAIT

☆ Einfach · Zubereitungszeit: 30 Minuten, Garzeit: 2 Stunden · Ergibt ca. 4 Gläser à 250 g

300 g Lammleber
30 g Portwein
30 g Calvados
6 g Pökelsalz
5 g Kristallsalz
1 g Pfeffer
Saft und abgeriebene Schale von 1 Orange
10 g Thymianblättchen, gehackt
300 g Ei oder ca. 6 Eier
300 g flüssige Butter

> Die Lammleber klein schneiden und mit Portwein, Calvados, Pökelsalz, Kristallsalz, Pfeffer, Orangenabrieb, Orangensaft und Thymian würzen und etwa 5 Minuten marinieren.

> Eier zugeben und die Masse mit einem Küchenmixer fein pürieren.

> Die warme, flüssige Butter hinzufügen und weiter mixen. Durch ein Sieb passieren und in Weckgläser abfüllen.

> Das Lammleber-Parfait im Dampf bei 85 °C ca. 2 Stunden dämpfen, danach rasch abkühlen lassen und im Kühlschrank lagern.

TIPP **Als Beilage empfiehlt sich ein Chutney der Saison. Die Pastete ist gekühlt bei 2 °C ca. 6 Monate haltbar.**

KÜRBIS-QUITTEN-CHUTNEY

☆ Einfach · Zubereitungszeit: 20 Minuten, Kochzeit: 30 Minuten · Ergibt ca. 4 Gläser à 250 g

400 g Kürbiswürfel
300 g Quittenwürfel
100 g Zwiebelwürfel
40 g Rosinen
50 g Ingwer, fein gewürfelt
100 ml Apfelessig
8 g Koriander, gemörsert
3 Kardamomkapseln, zerstoßen
1 Chilischote
15 g Zucker
10 g Salz

> Alle Zutaten zusammen in einen Topf geben und mit einem Deckel abgedeckt weich kochen. Eventuell noch etwas Wasser zugeben, damit das Chutney nicht zu trocken wird.

> Zum Schluss mit Chili, Zucker und Salz abschmecken.

GROBE ZIEGENPASTETE IM TEIGMANTEL

Schwierig Zubereitungszeit: 1 Stunde 30 Minuten + 8 Stunden Marinierzeit, Garzeit: 2 Stunden

Ergibt eine Pastetenform von ca. 800 g Inhalt

Füllung:

800 g Ziegenfleisch

10 g Pökelsalz

1 Spickzwiebel (Zwiebel, Lorbeerblatt, Nelke)

100 g Karotten

100 g Petersilienwurzel

100 g Staudensellerie

2 Eier

10 g Bohnenkraut, gehackt

50 g getrocknete Aprikosen, fein gewürfelt

50 g Sonnenblumenkerne

Salz, Pfeffer

Macis (Muskatblüte)

Pastetenteig:

150 g Butter

50 g Quark

1 Ei

4 g Salz

300 g Mehl

Apfelgelee:

2 Blatt Gelatine

200 g Apfelsaft

10 g Ingwer

Salz

> 500 g Ziegenfleisch würfeln, mit Pökelsalz einreiben und ca. 8 Stunden marinieren. Dann mit etwas Wasser und einer Spickzwiebel gar kochen.

> Für den Pastetenteig Butter, Quark, Ei und Salz mit dem Mehl zu einem Teig verkneten und kühl stellen.

> Die restlichen 300 g Ziegenfleisch durch die feine Scheibe des Fleischwolfes drehen.

> Karotten, Petersilienwurzel und Staudensellerie putzen und würfeln. Mit etwas Salz würzen und 10 Minuten Saft ziehen lassen. Dann im geschlossenen Topf weich dünsten und kalt stellen.

> Gegartes Ziegenfleisch mit dem gewolftem Ziegenfleisch vermischen. Bohnenkraut, gegartes Gemüse, Eier, Aprikosenwürfel und Sonnenblumenkerne zugeben, vermengen und mit Salz, Pfeffer und Macis würzen.

> Den Pastetenteig 3 mm dünn ausrollen und die Pastetenform damit auskleiden. Fleischmasse in die Pastetenform füllen und mit dem restlichen Teig bedecken.

> Im Backofen bei 180 °C Umluft ca. 45 Minuten backen und auskühlen lassen.

> Für den Gelee, der die Hohlräume in der Pastete ausfüllen soll, die Gelatine in kaltem Wasser einweichen. Apfelsaft, Ingwer und Salz aufkochen. Die eingeweichte Gelatine ausdrücken, in der heißen Flüssigkeit auflösen und abkühlen. Den Apfelgelee im fast kalten Zustand mit einer Spritze in die Hohlräume füllen.

TIPP **Die Fleischmasse können Sie auch als Füllung in einen Brotteig einrollen und im Backofen backen.**

GROBE LAMMPATÉ MIT PAPRIKA

☆ Mittel Zubereitungszeit: 30 Minuten, Garzeit: 2 Stunden Ergibt ca. 8 Gläser à 250 g

1 kg rohes Lammfleisch

1 kg gegartes Lammfleisch

10 g Estragon, getrocknet

20 g Paprikaflocken (eventuell auch Piment d'Espelette)

10 g Paprikapulver

20 g Honig

80 g Buchweizengrütze (alternativ Semmelbrösel)

7 g Kristallsalz

15 g Pökelsalz

5 g Zitronenabrieb

1 Prise Nelkenpulver

2 Eier

Chili, Pfeffer

> Das rohe Lammfleisch durch die feine Scheibe des Fleischwolfes drehen.

> Das gegarte Fleisch in 0,5 cm große Stücke schneiden oder durch die grobe Scheibe des Fleischwolfes drehen.

> Estragon, Paprikaflocken, Paprikapulver, Honig, Buchweizengrütze, Kristallsalz, Pökelsalz, Zitronenabrieb, Nelkenpulver und Eier hinzufügen.

> Alles miteinander verkneten und eventuell mit wenig Chili, Pfeffer und Salz abschmecken.

> In Gläser abfüllen und im Dampf oder Einkochautomaten bei 100 °C 2 Stunden garen. Die Lammpaté schnell abkühlen lassen.

TIPP **Eine tolle Brotzeit mit einem Sauerteigbrot und einem leichten Rotwein. Die Paté ist gekühlt bei 2 °C ca. 6 Monate haltbar.**

LAMMSÜLZE MIT BOHNENSALAT

☆ Mittel Zubereitungszeit: 1 Stunde 10 Minuten, Garzeit: 2 Stunden Für 6 Personen

Lammsülze:

600 g Lammfleisch (Schulter oder Haxe) oder 2 Lammköpfe

50 g Essig

4 Pfefferkörner, angestoßen

3 Pimentkörner, angestoßen

2 Lorbeerblätter

Kristallsalz

100 g Karotten

50 g Sellerie

100 g Lauch

8 Blatt Gelatine

Salz, Pfeffer

> Lammfleisch und Essig in einen Topf geben und mit Wasser bedecken. Aufkochen lassen und den Schaum abschöpfen. Pfeffer, Piment, Lorbeerblätter und Salz zugeben.

> Alles zusammen ca. 50 Minuten weich kochen, erkalten lassen und entfetten. Den Fond passieren und auf 600 ml reduzieren.

> Karotten, Sellerie und Lauch putzen, in feine Würfel schneiden und mit etwas Lammfond gar kochen.

> Die Gelatine in kaltem Wasser einweichen. Den restlichen Fond zugeben und die ausgedrückte Gelatine im noch warmen Fond auflösen und mit Salz und Pfeffer kräftig abschmecken

> Das Lammfleisch in Würfel schneiden und mit dem Fond mischen. In Formen abfüllen und erkalten lassen.

Bohnensalat:

100 g weiße Bohnen

Kristallsalz

1 Spickzwiebel (Zwiebel gespickt mit Lorbeerblatt und Nelke)

300 g grüne Bohnen

200 g Süßkartoffeln

100 ml Gemüsebrühe

50 g Schalotten, gewürfelt

100 ml Weißweinessig

10 g grober Senf

10 Kapern

50 g Oliven, in Scheiben

3 Sardellen

100 ml Olivenöl

Pfeffer

Süßkartoffel-Passionsfrucht-Sauce:

150 g Süßkartoffel

120 g Passionsfruchtsaft

150 g Sonnenblumenöl

10 g grober Senf

Salz, Pfeffer

Honig

> Weiße Bohnen in Salzwasser mit einer Spickzwiebel kochen. Grüne Bohnen putzen, in Streifen schneiden und in Salzwasser weich kochen und in Eiswasser abschrecken.

> Süßkartoffel schälen, in Würfel schneiden und in Salzwasser gar kochen. Gemüsebrühe mit den Schalottenwürfeln aufkochen. Weißweinessig, groben Senf, Kapern, Oliven und Sardellen zugeben.

> Olivenöl mit einem Schneebesen unterrühren und mit Salz und Pfeffer abschmecken. Das Dressing mit den Bohnen und der Süßkartoffel vermengen und etwas marinieren.

> Für die Sauce die Süßkartoffel schälen und mit etwas Wasser gar dünsten. Im Mixer mit Passionsfruchtsaft, Öl und Senf zu einer homogenen Sauce pürieren. Mit Salz, Pfeffer und Honig abschmecken und als Dip dazu servieren.

TIPP **Ein leichtes Gericht für laue Sommerabende auf der Terrasse. Hier kann man auf einfache Weise Lammabschnitte lecker verarbeiten. Natürlich passen auch Bratkartoffeln und ein Wildkräutersalat dazu.**

ROHE FLEISCHGERICHTE

Tatar oder Carpaccio wird üblicherweise aus Rindfleisch hergestellt, doch es lohnt sich, auch einmal die Lammvariante auszuprobieren. Mit schönen Beilagen kombiniert, sind diese Gerichte ein tolles Essen für Gäste.

CARPACCIO VOM LAMMRÜCKEN MIT SCHAFSKÄSE-CRÈME-BRÛLÉE UND SCHARBOCKSKRAUT

☆ Einfach Zubereitungszeit: 1 Stunde, Garzeit: 40 Minuten Für 6 Personen

Carpaccio:

300 g Lammrückenfilet
Salz, Pfeffer
100 ml Zitronensaft
100 ml Birnensaft
100 g Limetten-Olivenöl
150 g Scharbockskraut

Schafskäse-Crème-brûlée:

175 g Sahne
175 ml Milch
150 g Schafsfrischkäse
3 Eigelb
1 Ei
Salz, Pfeffer
Thymianblättchen, gehackt
Rohrzucker

Tempurateig:

50 g Mehl
70 g Speisestärke
2 g Backpulver
Salz, Pfeffer
Currypulver
170 ml Wasser
Fett zum Ausbacken

> Den Lammrücken mit Salz und Pfeffer würzen, in Klarsichtfolie fest zu einer Rolle rollen und einfrieren. Im gefrorenem Zustand auf einer Aufschnittmaschine in dünne Scheiben schneiden und auf einem Teller kreisförmig anrichten.

> Falls Sie keine Aufschnittmaschine haben, das Fleisch in dünne Scheiben schneiden und zwischen Klarsichtfolie ganz dünn plattieren.

> Aus Zitronen- und Birnensaft mit Limetten-Olivenöl, Salz und Pfeffer eine Vinaigrette herstellen.

> Das Fleisch mit dem Dressing beträufeln und mit der Hälfte des Scharbockskrauts dekorieren.

> Für die Schafskäse-Crème-brûlée Sahne, Milch, Schafskäse, Eigelb und das Ei mixen und mit Salz, Pfeffer und gehacktem Thymian würzen.

> In kleine flache Weckgläser abfüllen und im Dampfgarer bei 85 °C ca. 20 Minuten dämpfen und auskühlen lassen.

> Nach Geschmack mit Rohrzucker bestreuen und mit einer Lötlampe abbrennen oder unter dem Grill gratinieren.

> Für den Tempurateig Mehl, Speisestärke, Backpulver, Salz, Pfeffer und Curry vermischen. Das kalte Wasser klümpchenfrei einrühren und zu einem cremigen Teig vermengen.

> Das restliche Scharbockskraut durch den Tempura-Teig ziehen, im heißem Fett ausbacken und als Garnitur und krosse Komponente auf die Crème brûlée geben.

TIPP **Anstelle von Lammrücken kann auch ein Stück aus der Lammkeule verwendet werden.**

TATAR VOM LAMM MIT GESCHMORTEM CHICORÉE, MINZ-JOGHURT UND COUSCOUS

Einfach · Zubereitungszeit: 30 Minuten, Garzeit: 50 Minuten · Für 6 Personen

Geschmorter Chicorée:

300 g Chicorée
200 g Orangensaft
20 g Ingwer
10 g Honig
Salz, Pfeffer

Tomaten-Couscous:

150 g Tomatensaft
5 g Salz
8 g Ras el-Hanout
150 g Couscous
1 Tomate
2 Blätter Minze
10 g weißer Balsamicoessig
20 g Erdnussöl

Minz-Joghurt:

100 g Joghurt
4 Blätter Minze
Salz, Pfeffer
Zitronensaft, Honig

Tatar:

300 g Lammfleisch aus der Keule
20 ml Olivenöl
10 g Ketchup
4 Sardellen
10 Kapern
1 Bund Schnittlauch
Salz, Pfeffer

> Chicorée waschen und mit Orangensaft, Ingwer, Honig, Salz und Pfeffer in einen Vakuumierbeutel geben.

> Vakuumieren und im Wasserbad oder Dampf bei 85 °C ca. 20 Minuten garen.

> Den Chicorée in Viertel schneiden und in eine Pfanne legen. Flüssigkeit dazugeben und reduzieren lassen, bis alles leicht karamellisiert.

> Für den Couscous Tomatensaft mit Salz und Ras el-Hanout aufkochen, den Couscous damit übergießen und umrühren. Tomate in feine Würfel schneiden und dazugeben.

> Couscous mit geschnittener Minze, Balsamico und etwas Erdnussöl abschmecken.

> Für den Minz-Joghurt Joghurt mit geschnittener Minze verrühren und mit Salz, Pfeffer, Zitronensaft und etwas Honig abschmecken.

> Für das Tatar das Lammfleisch aus der Keule in feine Würfel schneiden oder durch den Fleischwolf drehen. Mit Olivenöl, Ketchup, gehackten Sardellen und gehackten Kapern würzen.

> Schnittlauch in feine Röllchen schneiden und zum Fleisch geben, alles umrühren und mit Salz und Pfeffer aus der Mühle abschmecken.

SUPPEN

Außergewöhnliche Rezepte für Suppen, die sich prima als Zwischengang oder Hauptspeise eignen, finden Sie in diesem Kapitel. Ob aufgeschäumt, als Eintopf oder kalt mit Joghurt – für jede Jahreszeit und jeden Anlass ist was dabei.

KALTE SCHAFSJOGHURTSUPPE MIT SCHARBOCKSKRAUT UND GEZUPFTER LAMMHAXE

Einfach Zubereitungszeit: 15 Minuten, Garzeit: 2 Stunden 30 Minuten Für 6 Personen

500 g Schafsjoghurt

50 g Scharbockskraut

50 g Wildkräuter (z. B. Schafgarbe, Vogelmiere, Löwenzahn, Labkraut, Dost, Knoblauchrauke)

Kristallsalz

Pfeffer

Zitronensaft

Distelöl

Sumach, gemahlen (getrocknete Steinfrucht mit leicht säuerlicher, fruchtiger und herber Note; wird gerne im türkischen und griechischen Raum verwendet)

2 weich geschmorte Lammhaxen (Seite 90)

> Schafsjoghurt mit Scharbockskraut in die Küchenmaschine geben.

> Die Wildkräuter waschen, zupfen, hinzufügen und so lange fein mixen, bis der Joghurt grün wird.

> Die Masse durch ein Sieb streichen und mit Kristallsalz, Pfeffer, Zitronensaft, etwas Distelöl und Sumach abschmecken. Anstelle von Sumach kann man auch mit etwas Curry würzen.

> Die geschmorte Lammhaxe im warmen Zustand mit etwas Sauce in kleine Stücke zupfen und in einer separaten Schale zur Suppe servieren.

TIPP **Die warme Komponente der kleingezupften Lammhaxe verleiht dem einfachen Gericht einen besonderen Pfiff. Anstelle von Lammhaxe passt auch ein langsam gegarter Lammnacken.**

LAMMKRAFTBRÜHE MIT LEBERKNÖDELN

☆ Einfach Zubereitungszeit: 1 Stunde, Garzeit: 1 Stunde Für 6 Personen

150 g Karotten

100 g Lauch

50 g Sellerie

50 g Petersilienwurzel

300 g Lammfleisch (Schulter oder Bauch)

10 g Fenchelsamen, gemörsert

1 Lorbeerblatt, zerrieben

5 g Pfefferkörner, gemörsert

Salz

100 g Eiweiß (ca. 2 Eiweiß)

1500 ml heller Lammfond (Seite 42)

Madeira

Leberknödel:

300 g Lammleber

1 Lammzunge (alternativ 100 g Lammfleisch)

1 getrocknetes Brötchen

50 g Zwiebel

5 g Salz

Pfeffer

Muskat

5 g frischer Majoran, gehackt

10 g Petersilie, gehackt

1 Ei

30 g Semmelbrösel

> Karotten, Lauch, Sellerie und Petersilienwurzel waschen, putzen und grob zerkleinern. Mit dem Lammfleisch durch den Fleischwolf drehen.

> Fenchel, Lorbeerblatt, Pfefferkörner, etwas Salz und Eiklar zugeben und 30 Minuten marinieren.

> Lammfond zugeben, alles verrühren und in einem Topf auf kleiner Flamme langsam aufkochen lassen. Dabei hin und wieder umrühren, damit das Fleisch nicht am Boden anbrennt.

> Nach dem Aufkochen gute 30 Minuten ziehen lassen und danach durch ein Passiertuch passieren. Die Suppe mit Salz, Pfeffer und Madeira abschmecken.

> Für die Leberknödel die Haut von der Lammleber entfernen und mit der Lammzunge durch den Fleischwolf drehen. (Alternativ mit einem großen Messer fein hacken.)

> Die Kruste des Brötchens abreiben und das Innere in kaltem Wasser einweichen.

> Zwiebel schälen, würfeln und andünsten. Dann das Brötchen ausdrücken, klein zupfen und zum Fleisch geben. Mit Salz, Pfeffer, Muskat, Majoran und Petersilie würzen.

> Zwiebelwürfel und das Ei hinzufügen und mit den Semmelbröseln vermischen.

> Einen Probekloß im kochenden Salzwasser abdrehen und ca. 10–20 Minuten ziehen lassen. Falls der Kloß nicht halten sollte, noch mehr Semmelbrösel unterrühren.

> Aus der Masse Knödel formen und in der Brühe oder separat in Salzwasser garen.

LAMMSCHAUMSUPPE MIT LAMMSPIESS

Einfach · Zubereitungszeit: 40 Minuten, Garzeit: 45 Minuten · Für 6 Personen

100 g Kartoffeln
50 g Fenchel
50 g Staudensellerie
100 g Zwiebeln
50 g Lauch
100 g Butter
1 Knoblauchzehe, angedrückt
100 ml Weißwein
1000 ml heller Lammfond (Seite 42)
500 g Sahne
Kreuzkümmel
Curry oder Bärlauch
100 g Crème fraîche

Tomatenschaum:

250 g Tomatensauce (Seite 45)
250 g Sahne
Salz, Pfeffer
Gin

Lammspieße:

3 Lammfilets
150 g Lammbries
Salz, Pfeffer
Mehl
1 Ei
Semmelbrösel
Fett zum Braten

> Die Kartoffeln schälen und klein schneiden. Fenchel, Staudensellerie, Zwiebeln und Lauch waschen, putzen, klein schneiden und mit 20 g Butter und der angedrückten Knoblauchzehe anschwitzen.

> Mit Weißwein ablöschen und mit Lammfond auffüllen. Aufkochen und ca. 10 Minuten kochen lassen.

> Dann die Sahne zugeben, pürieren und durch ein Sieb passieren. Die passierte Suppe nach Geschmack mit Kreuzkümmel, Curry oder Bärlauch würzen.

> Restliche Butter und die Crème fraîche mit einem Mixstab in die Suppe mixen. Die Suppe wird schön schaumig.

> Für den Tomatenschaum die Tomatensauce mit der Sahne verkochen. Dann alles passieren und mit Salz, Pfeffer und Gin abschmecken. Die Masse in eine Espumaflasche (Isi-Flasche) abfüllen und warm stellen.

> Für die Spieße die Lammfilets in Würfel schneiden. Das Lammbries gegebenenfalls putzen und in 10 g schwere Würfel schneiden.

> Jeweils mit Salz und Pfeffer würzen. Anschließend mit Mehl, Ei und Semmelbrösel klassisch panieren und abwechselnd auf Holzspieße stecken. Die Spieße in einer Fritteuse oder in einer Pfanne in viel Fett ausbacken.

> Den Tomatenschaum mithilfe der Espumaflasche auf die weiße Suppe portionieren und jeweils einen Lammspieß dazu servieren.

TIPP Die Suppe kann auch als helle Sauce für gekochtes Lammfleisch verwendet werden.

GEMÜSEEINTOPF MIT LAMMKUTTELN

☆ Einfach ◷ Zubereitungszeit: 40 Minuten, Garzeit: 1 Stunde 20 Minuten Für 6–8 Personen

300 g Kutteln
50 g Zwiebeln
20 ml Olivenöl
50 ml Essig
100 ml Weißwein
Salz
1 Lorbeerblatt
1 Nelke
2 Knoblauchzehen

Gemüseeintopf:
50 g Zwiebel
50 g Speckwürfel
150 g Kartoffeln
150 g Karotten
150 g Sellerie
150 g grüne Bohnen
2 Knoblauchzehen
Salz, Pfeffer
30 g Tomatenmark
100 ml Weißwein
1000 ml Brühe
1000 ml Tomatensaft
150 g Zucchini
1 Mangold
100 g Tomaten
50 g Nudeln nach Wahl
Parmesan
kalt gepresstes Olivenöl

> Die Kutteln gründlich wässern und anschließend in feine Streifen schneiden.

> Die Zwiebeln schälen, in Streifen schneiden und mit dem Olivenöl andünsten. Mit Essig und Weißwein ablöschen und die Kutteln dazugeben.

> Mit Wasser auffüllen. Salz, das Lorbeerblatt, die Nelke und Knoblauch hinzufügen und kochen lassen, bis die Kutteln weich sind (ca. 50 Minuten).

> Für den Eintopf die Zwiebel schälen und klein schneiden. Speck- und Zwiebelwürfel in einem Topf anschwitzen.

> Kartoffeln schälen. Restliches Gemüse waschen und putzen. Knoblauch schälen und klein schneiden. Karotten, Sellerie, Kartoffeln in Würfel und Bohnen in Stücke schneiden und mit dem gehackten Knoblauch dazugeben.

> Mit Salz und Pfeffer würzen, Tomatenmark zufügen und etwas mit anschwitzen.

> Dann mit Weißwein ablöschen, Brühe und Tomatensaft zugeben und zum Kochen bringen. Ca. 10 Minuten sieden lassen.

> Zucchini und Mangold waschen, putzen und klein schneiden. Tomaten waschen und würfeln. Suppennudeln und das vorbereitete Gemüse hinzufügen, gar kochen und den Eintopf mit Salz und Pfeffer abschmecken.

> Die Kutteln hinzufügen und den Eintopf mit Parmesan und kalt gepresstem Olivenöl servieren.

TIPP **Schmeckt auch mit Basilikum-Pesto (Seite 48). In der italienischen Küche gibt es eine ähnliche Suppe – Busecca.**

PAPRIKASUPPE MIT LAMMRAVIOLI

Mittel · Zubereitungszeit: 2 Stunden, Garzeit: 30 Minuten · Für 6 Personen

50 g Zwiebeln
600 g rote Paprika
2 Knoblauchzehen
20 ml Olivenöl
50 ml Weißwein
600 ml Gemüsebrühe
300 g Sahne
Salz, Pfeffer

Lammravioli:

Nudelteig (Seite 144)
500 g Lammragout
100 g geriebener Parmesan
Salz, Pfeffer
Kräuter der Saison

> Zwiebel schälen. Paprika waschen und putzen. Beides in Streifen schneiden. Knoblauch schälen. Zwiebelstreifen, Paprikastreifen und Knoblauch mit dem Olivenöl anschwitzen.

> Mit Weißwein ablöschen, mit Gemüsebrühe auffüllen und 10 Minuten köcheln lassen.

> Sahne zugeben, alles in einem Küchenmixer pürieren und anschließend durch ein Sieb passieren.

> Die Paprikasuppe mit Salz und Pfeffer abschmecken.

> Für die Lammravioli den Nudelteig zubereiten und ruhen lassen. Für die Lammraviolifüllung das Ragout durch den Fleischwolf drehen und mit dem geriebenen Parmesan vermengen.

> Eventuell mit Salz, Pfeffer und gehackten Kräutern abschmecken.

> Den Nudelteig mit einer Nudelmaschine dünn ausrollen und mit einem runden Ausstecher ausstechen.

> Die Raviolifüllung auf den Teig geben, die Enden zusammenfalten und den Teig fest zusammendrücken.

> Die Ravioli im Salzwasser ca. 3 Minuten kochen und als Einlage für die Suppe verwenden.

TIPP **Die Lammravioli sind ein schönes „Überbleibsel"-Gericht. Man kann prima das gegarte Fleisch vom Vortag samt Sauce und restlichem Schmorgemüse verwerten. Anstelle von Nudelteig kann man die Füllung auch für Teigtaschen aus Blätterteig verwenden.**

GESCHMORTE FLEISCHSTÜCKE

Viele nicht so edle Fleischstücke von Lamm, Ziege oder Schaf lassen sich wunderbar schmoren. Durch Zugabe von Säure (Essig oder Rotwein) wird das Fleisch weich und zart, die Sauce entsteht ganz von selbst und ergänzt Braten, Haxe oder Ragout auf köstlichste Weise.

SAUERBRATEN VON DER SCHAFSKEULE

Mittel | Zubereitungszeit: 50 Minuten, Marinierzeit: 4 Tage, Kochzeit: 5–6 Stunden | Für 6 Personen

1 Schafskeule (1200 g)
200 g Zwiebeln
200 g Karotten
100 g Sellerie
500 ml Rotwein
250 ml Balsamicoessig
3 Wacholderbeeren
3 Nelken
1 Lorbeerblatt
Salz, Pfeffer
etwas Öl zum Anbraten
500 ml Brühe
100 g Rübenkraut
Speisestärke zum Binden

> Die Schafskeule in einen großen Beutel geben.

> Zwiebeln schälen und vierteln. Karotten und Sellerie schälen und in grobe Stücke schneiden.

> Zwiebel-, Karotten- und Selleriestücke mit Rotwein, Balsamicoessig, Wacholderbeeren, Nelken und dem Lorbeerblatt aufkochen, abkühlen lassen und zum Fleisch geben.

> Den Beutel verschließen und mindestens 4 Tage kalt stellen. Das Fleisch muss komplett von der Flüssigkeit bedeckt sein.

> Am Zubereitungstag das Fleisch herausholen, trocken tupfen, mit Salz und Pfeffer würzen und mit dem Gemüse in Öl anbraten. Dann mit der Flüssigkeit ablöschen und mit Brühe auffüllen.

> Die Schafskeule im Ofen bei 100 °C langsam 5–6 Stunden schmoren lassen.

> Dann das Fleisch und Gemüse aus dem Sud nehmen. Die Sauce passieren und reduzieren. Mit Rübenkraut abschmecken und mit etwas angerührter Speisestärke binden.

> Das Fleisch aufschneiden und in die Sauce zurückgeben.

TIPP Auch lecker mit in Streifen geschnittenen getrockneten Aprikosen und gerösteten Mandelblättchen als Garnitur.

GEFÜLLTER LAMMNACKEN MIT ROTER ZWIEBELMARMELADE

☆ Mittel Zubereitungszeit: 30 Minuten, Garzeit: 2 Stunden Für 6–8 Personen

Zwiebelmarmelade:

300 g rote Zwiebeln

10 g frischer Thymian, gehackt

100 ml Portwein oder Rotwein

50 ml Himbeeressig

50 g Johannisbeergelee

Salz, Pfeffer

Gefüllter Lammnacken:

1 Lammnacken, ausgelöst

Salz, Pfeffer

20 ml Olivenöl

600 ml dunkler Lammfond (Seite 43)

Thymian

600 g Fenchel

Speisestärke zum Binden

> Die roten Zwiebeln schälen, in feine Würfel schneiden und mit Thymian, Portwein und Himbeeressig gar kochen. Die Flüssigkeit sollte am Schluss ganz verkocht sein.

> Johannisbeergelee zugeben und mit Salz und Pfeffer abschmecken.

> Den Lammrückenstrang mit einem langen Stab oder dünnen Messer durchstechen, damit in der Mitte ein Loch entsteht. Dieses Loch mit der Zwiebelmarmelade füllen.

> Das Fleisch von außen mit Salz und Pfeffer würzen und mit etwas Olivenöl von beiden Seiten anbraten.

> Lammfond und Thymian zugeben und zugedeckt im Backofen bei 160 °C ca. 1 Stunde lang schmoren.

> Fenchel waschen, putzen und in 0,5 cm dicke Scheiben schneiden. Fenchel zugeben und 1 weitere Stunde bei 120 °C garen, bis der Nacken weich ist.

> Dann Fleisch und Gemüse aus der Sauce nehmen. Die Sauce mit etwas angerührter Speisestärke binden und mit Salz und Pfeffer abschmecken. Das Fleisch in Scheiben schneiden und mit dem Fenchel wieder in die Sauce legen.

TIPP Falls der Lammnacken zu klein ist, kann man diesen auch wie einen Spießbraten aufschneiden. Dann mit den Zwiebeln füllen, einrollen und mit Küchengarn binden.

GESCHMORTE LAMMSCHULTER

☆ Einfach Zubereitungszeit: 30 Minuten, Garzeit: 9 Stunden Für 4–6 Personen

1 Lammschulter

Salz, Pfeffer

600 g Röstgemüse
(200 g Zwiebelviertel,
200 g Karotten,
100 g Sellerie,
100 g Petersilienwurzel)

3 Knoblauchzehen

20 ml Olivenöl

20 g Tomatenmark

200 ml Rotwein

1000 ml Brühe

2 Zweige Rosmarin

2 Zweige Thymian

Speisestärke zum Binden

> Die Lammschulter mit Salz und Pfeffer würzen, auf ein Backblech legen und im Backofen bei 220 °C ca. 20 Minuten braten.

> Für das Röstgemüse die Zwiebeln schälen und vierteln, Karotten schälen und längs halbieren, Sellerie, Petersilienwurzel schälen und in grobe Ecken schneiden.

> Röstgemüse mit 2 angedrückten Knoblauchzehen und Öl in einer Pfanne goldbraun anbraten. Tomatenmark zugeben, leicht anrösten, dann mit Rotwein ablöschen und einkochen lassen.

> Mit Brühe auffüllen und aufkochen lassen. Alles zu der Lammschulter geben und im Ofen bei 85 °C ca. 8 Stunden schmoren.

> Für die Sauce anschließend die Garflüssigkeit durch ein Sieb passieren und einköcheln lassen. 1 Knoblauchzehe schälen und hacken.

> Die Sauce mit gehacktem Rosmarin, Thymian und etwas Knoblauch abschmecken. Eventuell mit etwas Speisestärke abbinden.

> Röstgemüse als Beilage wieder in die Sauce geben und zum Fleisch servieren.

TIPP **Als Beilage empfehle ich gebackene Polentakugeln. Stellen Sie die gratinierte Polenta von Seite 144 ohne Zucchini her und füllen diese in Formen ab. Im kalten Zustand können Sie sie in der Fritteuse goldbraun ausbacken und zur Lammschulter servieren.**

LAMM MIT SPECK, WACHOLDER UND BIRNE

Einfach · Zubereitungszeit: 30 Minuten, Garzeit: 1 Stunde 40 Minuten · Für 6 Personen

1400 g Lammkeule
Salz, Pfeffer
10 g Wacholderbeeren
10 g Thymian, gehackt
200 g durchwachsener Speck
400 g Kartoffeln
4 rote Zwiebeln
400 g Kürbis
200 g Sellerie
800 g heller Lammfond (Seite 42)
300 g Birne
100 g kalte Butter

Orangen-Gremolata:

10 g Wacholderbeeren
100 g Petersilie
50 g Walnüsse
2 Sardellen
Saft und abgeriebene Schale von 1 Orange

> Lammkeule in 80 g große Stücke schneiden und mit Salz, Pfeffer, zerstoßenem Wacholder und Thymian würzen.

> Die Fleischstücke jeweils mit einer Scheibe Speck einwickeln, in einen Topf legen und 20 Minuten bei 150 °C im Backofen vorgaren.

> Kartoffeln, Zwiebeln, Kürbis und Sellerie schälen, in grobe Würfel (ca. 30 g) schneiden und mit dem Lammfond zum Fleisch geben. Mit Backpapier oder einem Deckel abdecken und im Ofen bei 160 °C ca. 1 Stunde garen.

> Die Birnen vierteln, entkernen, zugeben und weitere 20 Minuten garen.

> Die Butter in Würfel schneiden und die Butterwürfel in die Sauce einrühren.

> Für die Gremolata Wacholderbeeren, Petersilie, Walnüsse und Sardellen fein hacken und vermischen.

> Orangenschalenabrieb und Orangensaft dazugeben und mit Salz und Pfeffer abschmecken.

TIPP Das Fleisch und Gemüse können auch ohne Vorgaren bei 85 °C im Backofen ca. 8 Stunden gegart werden.

GESCHMORTE LAMMHAXE

Einfach · Zubereitungszeit: 20 Minuten, Garzeit: 2 Stunden 30 Minuten · Für 4 Personen

600 g Röstgemüse
(200 g Zwiebelviertel,
200 g Karottenwürfel,
100 g Selleriewürfel,
100 g Petersilienwurzelwürfel)

3 Knoblauchzehen

Öl zum Anbraten

100 ml dunkler Balsamicoessig

200 ml Rotwein

500 ml dunkler Lammfond (Seite 43)

2 Zweige Rosmarin

2 Zweige Thymian

1 Lorbeerblatt

4 Wacholderbeeren, angestoßen

4 Pimentkörner, angestoßen

4 Lammhaxen

Salz, Pfeffer

> Für das Röstgemüse die Zwiebeln schälen und vierteln, Karotten schälen und längs halbieren, Sellerie, Petersilienwurzel schälen und grob schneiden.

> Röstgemüse mit angedrückten Knoblauchzehen und Öl in einem Bratentopf goldbraun anbraten.

> Mit Balsamico, Rotwein und Lammfond ablöschen. Rosmarin, Thymian, Lorbeer, Wacholder und Piment zugeben.

> Die Lammhaxen mit Salz und Pfeffer würzen und in den Bratentopf setzen. Im Ofen bei 180 °C ca. 2 Stunden garen

> Für die Sauce die Hälfte des Röstgemüses mit der Flüssigkeit pürieren, dann durch ein Sieb passieren und die Sauce mit Salz und Pfeffer abschmecken. Die Sauce mit dem restlichen Gemüse zur Haxe geben.

TIPP **Als Beilage serviere ich gerne die Mais-Graupen (Seite 146).**

TRADITIONELL GESCHMORTES LAMMRAGOUT

Einfach — Zubereitungszeit: 20 Minuten, Marinierzeit: 24 Stunden, Garzeit: 2 Stunden 20 Minuten
Für 6–8 Personen

1200 g Lammfleisch (Schulter oder Nacken)

Olivenöl

500 g Zwiebeln

20 g Tomatenmark

20 g dunkler Balsamicoessig

20 g Sojasauce

Wasser oder Lammfond

Speisestärke zum Binden

Salz, Pfeffer

Marinade:

2 Zweige Rosmarin

1 Knoblauchzehe

1 Lorbeerblatt

3 Pimentkörner

3 Wacholderbeeren

200 ml Rotwein

> Das Lammfleisch in 30 g Stücke schneiden oder direkt als Ragout kaufen.

> Für die Marinade die Rosmarinzweige und den Knoblauch hacken. Lorbeerblatt, Piment und Wacholderbeeren im Mörser zerkleinern und alles mit dem Rotwein vermischen.

> Fleisch mit der Marinade in einen Gefrierbeutel füllen und 24 Stunden darin marinieren.

> Anschließend das Fleisch aus der Marinade nehmen und trocken tupfen.

> Das Fleisch in einem Bräter mit etwas Öl von allen Seiten braun anbraten und dann herausnehmen.

> Zwiebeln schälen, achteln und im Bräter goldbraun braten. Dann das Fleisch wieder zu den Zwiebeln geben. Tomatenmark zugeben, leicht anrösten und mit Balsamico und Sojasauce ablöschen.

> Rotweinmarinade dazugeben und mit Wasser oder Lammfond auffüllen, bis das Fleisch bedeckt ist.

> Das Ragout im Backofen mit geschlossenem Deckel bei 150 °C ca. 2 Stunden garen.

> Wenn das Fleisch gar ist, kann die Sauce mit etwas angerührter Speisestärke abgebunden werden. Die Sauce mit Salz und Pfeffer abschmecken.

TIPP **Als Beilage empfehle ich ein Kartoffelgratin (Seite 143) mit Zucchini oder ein Kartoffelpüree, verfeinert mit Olivenöl und Butter.**

Curry

ZIEGENCURRY MIT BUTTERMILCH

☆ Einfach Zubereitungszeit: 30 Minuten, Garzeit: 2 Stunden 30 Minuten Für 6–8 Personen

30 g Ziegenfett oder Kokosfett

500 g Zwiebeln

3 Knoblauchzehen

20–30 g Currymischung

1200 g Ziegenfleisch

300 g passierte Tomaten

200 g Buttermilch

400 ml Lammfond oder Wasser

Salz, Pfeffer

Koriandergrün

> Das Ziegenfett auslassen. Zwiebeln schälen, in Streifen schneiden. Knoblauch schälen und hacken.

> Zwiebelstreifen und gehackten Knoblauch im Fett goldbraun anbraten. Das Ziegenfleisch in 30 g schwere Würfel schneiden.

> Kleingeschnittene Ziegenfleisch zugeben, Currymischung hinzufügen und etwas mitrösten.

> Tomaten, Buttermilch und Lammfond zugeben und alles mit geschlossenem Deckel ca. 2–2 ½ Stunden weich dünsten.

> Das Ziegencurry mit Salz und Pfeffer abschmecken und mit frischem Koriandergrün servieren.

TIPP **Falls Sie sich Ihre eigenen Curryflavour mischen möchten, nehmen Sie für dieses Rezept 20 g Korianderkörner, 10 g Fenchelsaat, 10 g schwarzen Kardamom, 10 g Kreuzkümmel, 5 g frische Kurkumawurzel, 10 g Ingwer, 1 Sternanis und 1 Zimtstange.**

SCHAFRAGOUT AUS DER TAJINE (NORDAFRIKA)

Einfach · Zubereitungszeit: 20 Minuten, Marinierzeit: 8 Stunden, Garzeit: 2 Stunden
Für 6–8 Personen

1200 g Schafsfleisch (Schulter oder Nacken)

Ras el-Hanout

Salz, Pfeffer

200 g Orangenfilets

500 g Zwiebeln

200 g Karotten

200 g getrocknete Datteln, entkernt

400 ml Lammfond

Koriandergrün

> Das Schafsfleisch in 30 g große Stücke schneiden oder direkt als Ragout kaufen. Das Fleisch mit Ras el-Hanout, Salz und Pfeffer würzen und ca. 8 Stunden marinieren.
> Anschließend die Orangenfilets zum Lammfleisch geben.
> Die Zwiebeln schälen und achteln. Die Karotten schälen und in 2 cm dicke Scheiben schneiden. Die Datteln halbieren. Zwiebeln, Karotten und Datteln zum Fleisch geben.
> Alles zusammen in die Tajine füllen und mit dem Lammfond bei 180 °C 2 Stunden im Backofen garen.
> Wenn das Fleisch gar ist, das Ragout mit Salz und Pfeffer abschmecken und mit frischem Koriandergrün servieren.

TIPP **Als Beilage empfehle ich ein Kichererbsenpüree, Couscous oder frischen Joghurt abgeschmeckt mit Salz, Pfeffer, Zitrone und frischer Pfefferminze.**

GEFÜLLTER UND GESCHMORTER LAMMBAUCH ALS ROULADE

☆ Einfach ◷ Zubereitungszeit: 30 Minuten, Garzeit: 2 Stunden Für ca. 8 Personen

800 g Lammhackfleisch
2 Eier
Salz, Pfeffer
Majoran
Piment
Koriander
Paprikapulver edelsüß
Rauchsalz
1 ausgelöster Lammbauch ohne Knochen
200 g Zwiebeln
400 g Karotten
300 g Sellerie
500 ml Rotwein
500 ml brauner Lammfond
Speisestärke zum Binden
frischer Majoran

> Lammhackfleisch mit Eiern, Salz, Pfeffer, Majoran, Piment, Koriander, Paprikapulver und Rauchsalz herzhaft würzen.

> Hackmasse auf dem ausgelösten Lammbauch verteilen, einrollen, mit Küchengarn binden und von außen mit Salz und Pfeffer würzen.

> Zwiebeln schälen. Karotten und Sellerie putzen. Gemüse und Zwiebeln in ca. 1 cm große Würfel schneiden.

> Fleischrolle und Gemüse im Bräter anbraten. Mit Rotwein und Lammfond auffüllen und im Ofen bei 150 °C ca. 90–120 Minuten garen.

> Die Sauce eventuell etwas reduzieren lassen, um den Geschmack zu verstärken und dann mit etwas angerührter Speisestärke abbinden.

> Sauce nach Bedarf mit Salz, Pfeffer und frischem Majoran abschmecken.

> Fleisch in Scheiben schneiden und wieder in die Sauce zum Gemüse geben.

TIPP Sie können vor dem Servieren Zucchini und angebratene Kirschtomaten für die Farbe zugeben.

OSSOBUCO VON DER SCHAFSKEULE, KAFFEESAUCE UND KARDAMOM-KAROTTEN

Einfach | Zubereitungszeit: 30 Minuten, Garzeit: 9–13 Stunden | Für 6 Personen

6 dicke Ossobuco-Scheiben mit Knochen aus der Keule vom Schaf

Salz, Pfeffer

Thymianblättchen, gehackt

Olivenöl

100 g Zwiebeln

50 g Sellerie

100 g Karotten

200 ml Rotwein

Wasser oder Lammfond

200 ml Kaffee

1 Chilischote, gewürfelt

20 g Ingwer, gewürfelt

Chili

50–70 g Zartbitterschokolade

Kardamom-Karotten:

600 g Karotten

6 g Salz

5 g Honig

4 grüne Kardamomkapseln

> Ossobuco-Scheiben mit Salz, Pfeffer und gehacktem Thymian würzen. Im Bräter mit etwas Öl von beiden Seiten anbraten und wieder herausnehmen.

> Zwiebel, Sellerie und Karotten schälen bzw. putzen, in Würfel schneiden und im Bräter anrösten. Mit Rotwein ablöschen. Ossobuco-Scheiben wieder zurücklegen und mit Kaffee und so viel Wasser oder Lammfond auffüllen, bis die Scheiben knapp bedeckt sind.

> Chili und Ingwer zugeben. Im Ofen mit geschlossenem Deckel bei 85 °C ca. 8–12 Stunden garen. Zwischendurch die Scheiben drehen.

> Wenn das Fleisch weich ist, herausnehmen und die Sauce durch ein Sieb passieren, abschmecken. Mit Zartbitterschokolade, Salz und Chili abschmecken.

> Für die Kardamom-Karotten die Karotten schälen und mit Salz, Honig und zerstoßenen Kardamomkapseln würzen. Die Karotten in Backpapier einschlagen und in Alufolie einwickeln und im Ofen bei 150 °C ca. 1 Stunde garen.

TIPP **Selbstverständlich können Sie das Ossobuco auch klassisch mediterran mit Tomaten zubereiten. Als Beilage würde ich ein Püree dazu reichen.**

IM OFEN GEGART MIT TROCKENER HITZE

Bei Gerichten, die im Ofen gegart werden, übernimmt der Backofen die Hauptarbeit, und man kann während die Lammkeule, der Flammkuchen oder das Lammkarree im Rohr brutzeln, schon einmal den nächsten Gang oder die Beilagen vorbereiten.

LAMMKEULE IM KRÄUTERHEU GEGART

☆ Einfach Zubereitungszeit: 20 Minuten, Garzeit: 5 Stunden Für 8 Personen

Kräuterheu

1 Lammkeule (ca. 1,2 kg) ohne Haxe mit Röhrenknochen

Salz, Pfeffer

3–4 Knoblauchzehen

4 Thymianzweige

100 g Zwiebeln

200 g Karotten

200 g Sellerie

100 g Lauch

400 ml Gemüsebrühe

200 g Sahne

100 g Bärlauch

Speisestärke zum Binden

> Das Kräuterheu in einen Bräter legen. Bei der Lammkeule den Röhrenknochen entfernen und die Keule von innen und außen mit Salz und Pfeffer würzen.

> Knoblauch schälen, hacken und mit dem Thymian in die Mitte geben (an die Stelle, wo der Röhrenknochen war).

> Zwiebeln schälen und klein schneiden. Karotten, Sellerie und Lauch putzen und klein schneiden. Gemüse und Zwiebeln auf das Fleisch geben und mit etwas Kräuterheu bedecken.

> Gemüsebrühe hinzufügen und im Ofen bei 80 °C ca. 5 Stunden garen. 20 Minuten vor Ende der Garzeit das Fleisch bei 180 °C fertig garen und bei 80 °C warm stellen.

> Aus dem Sud im Bräter wird die Sauce gekocht. Dafür wird der Sud passiert, mit Sahne aufgekocht und mit frischem Bärlauch gemixt.

> Die Sauce mit Salz und Pfeffer abschmecken und evtl. mit etwas angerührter Speisestärke abbinden.

> Die Gemüsewürfel können separat dazu gereicht werden oder man gibt sie in die Sauce.

TIPP **Als Beilage eignet sich besonders gut Kartoffelgratin (Seite 143) oder ein Blech Ofenkartoffeln.**

GRATINIERTES LAMMKARREE UNTER DER KRÄUTERKRUSTE

☆ Einfach ◷ Zubereitungszeit: 20 Minuten, Garzeit: 20 Minuten 🍴 Für ca. 6 Personen

2 Knoblauchzehen

900 g Lammkarree (ca. 4 Stück)

Salz, Pfeffer

Olivenöl

Kräuterkruste:

200 g weiche Butter

50 g Basilikum-Pesto (Seite 48)

1 Ei

Petersilie, gehackt

80 g Semmelbrösel

Pak Choi:

6 Mini Pak Choi (vom Asiaten)

Salz, Pfeffer

5 g Ingwer, gewürfelt

20 g Sesamöl

> Knoblauch schälen und klein schneiden. Lammkarree mit Salz, Pfeffer, Olivenöl und Knoblauch marinieren.

> Für die Kräuterkruste weiche Butter, Pesto, Ei, Petersilie und Semmelbrösel vermischen. Mit Salz und Pfeffer abschmecken und zwischen zwei Folien gleichmäßig dünn ausrollen. Kühl stellen.

> Jeweils 2 Karrees gegeneinander auf das Backblech stellen, sodass sie von alleine stehen. Die Kräuterkruste auf das Fleisch legen.

> Das Lammkarree im Backofen mit Grill- und Umluftfunktion bei 220 °C ca. 15 Minuten garen. Dann etwa 5 Minuten an einem warmen Ort (70 °C) ruhen lassen.

> Den Mini Pak Choi halbieren und mit Salz, Pfeffer und gewürfeltem Ingwer würzen.

> Im geschlossenen Topf mit Sesamöl und 3 EL Wasser ca. 5 Minuten gar dünsten.

> Anschließend das Fleisch aufschneiden und mit Pak Choi servieren.

TIPP **Die Kruste kann auch mit getrockneten Blüten zubereitet werden, z. B. mit Lavendel. Die Kruste lässt sich auch gut auf Vorrat herstellen und gefroren aufbewahren.**

LAMMBOLOGNESE MIT MAIS UND PAPRIKAPOLENTA, GESCHICHTET

☆ Mittel Zubereitungszeit: 40 Minuten, Garzeit: 50 Minuten Für 4–6 Personen

Hackfleischsauce:

200 g Zwiebeln
800 g Lammhackfleisch
20 ml Olivenöl
Salz, Pfeffer
500 g passierte Tomaten
1 Lorbeerblatt
500 g Dosenmais
Thymian, gehackt

Paprikapolenta:

200 g Paprika
750 ml Milch
10 g Piment d'Espelette
80 g Butter
Kristallsalz
Pfeffer
150 g Polenta (Maisgrieß)
30 g geriebener Pecorino
100 g Vogelmiere, gehackt
50 g Roquefortkäse

- Zwiebeln schälen und klein schneiden. Lammhackfleisch und Zwiebelwürfel in einer Pfanne mit Olivenöl anbraten. Mit Salz und Pfeffer würzen
- Passierte Tomaten und das Lorbeerblatt zugeben und ca. 10 Minuten kochen lassen. Maiskörner und den gehackten Thymian dazugeben, mit Salz und Pfeffer abschmecken und kalt stellen.
- Für die Polenta die Paprika waschen, putzen und fein würfeln. Milch mit Piment d'Espelette, Paprikawürfeln und Butter aufkochen. Mit Kristallsalz und Pfeffer würzen.
- Unter ständigem Rühren die Polenta zugeben und ca. 15 Minuten weich kochen. Währenddessen ständig rühren, da sie sehr schnell anbrennen kann. Dann den geriebenen Pecorino und die gehackte Vogelmiere untermischen.
- Die Polenta in einen Spritzbeutel füllen und mit der Hackfleischsauce abwechselnd in Ringe oder in eine Auflaufform schichten.
- Im kalten Zustand aus den Ringen nehmen, mit Roquefortkäse belegen und im Backofen ca. 20 Minuten überbacken.

TIPP **Die Hackfleischsauce pur eignet sich auch sehr gut zu Nudeln oder als Füllung für Nudeln, Hefeteig- oder Blätterteigtaschen. Meine Tochter hat davon auch schon einen beliebten Tortilla-Schichtsalat hergestellt.**

PIZZA MIT TREVISO, ROQUEFORT, APFEL UND LAMMBRATEN

☆ Mittel Zubereitungszeit: 2 Stunden 40 Minuten, Backzeit: 20 Minuten Für 4 Personen

Hefeteig:

500 g Mehl

21 g Hefe

300 ml lauwarmes Wasser

1 TL Salz

20 ml Olivenöl

Belag:

200 g Treviso

200 g Apfel

15 g Honig

5 g Butter

Salz, Pfeffer

Zitronenthymian, gehackt

200 g Tomatensauce (Seite 45)

150 g Roquefort

5 Sardellen

10 g Kapern

50 g Crème fraîche

300 g gegarter Lammbraten, in dünne Scheiben geschnitten

> Mehl in eine große Schüssel füllen und in der Mitte eine Mulde bilden. Die Hefe in die Mulde bröseln und mit ca. 50 ml Wasser verrühren. 30 Minuten gehen lassen.

> Das Salz im restlichen Wasser auflösen und mit dem Olivenöl zum Mehl geben. Den Teig in der Küchenmaschine 15 Minuten kneten, zuerst langsam, dann schnell.

> Den Teig 2 Stunden an einem warmen Ort (ca. 32 °C) gehen lassen. Dann von Hand durchkneten. Der Teig sollte nicht an den Fingern und der Arbeitsplatte kleben. Ansonsten noch etwas Mehl zugeben.

> Treviso in grobe Stücke schneiden. Apfel schälen, Kerngehäuse entfernen und in Achtel schneiden.

> Honig mit der Butter in einer Pfanne erhitzen, den Treviso und die Apfelstücke zugeben und kurz sautieren. Mit Salz, Pfeffer und Zitronenthymian würzen.

> Den Teig ausrollen, mit etwas Tomatensauce bestreichen und mit der Apfel-Treviso-Mischung belegen.

> 100 g Roquefort klein schneiden und mit den Sardellen und Kapern auf die Pizza geben. Ca. 30 Minuten an einem warmen Ort gehen lassen.

> Dann im vorgeheizten Backofen bei 220 °C (Ober-/Unterhitze) ca. 20 Minuten backen. Restlichen Roquefort mit Crème fraîche fein mixen und in einen Spritzbeutel füllen.

> Nach dem Backen den aufgeschnittenen Lammrücken auf der Pizza verteilen und die Roquefortcreme aus dem Spritzbeutel darüber verteilen.

TIPP Den Teig einen Tag zuvor herstellen und im Kühlschrank gehen lassen. Dadurch bekommt der Teig etwas mehr Aroma und geht auch beim Backen besser auf.

FLAMMKUCHEN MIT RUCOLA, ZIEGENKÄSE UND FEIGE

☆ Einfach Zubereitungszeit: 50 Minuten, Backzeit: 10 Minuten Für ca. 4 Personen

Flammkuchenteig:

250 g Mehl

140 ml Wasser

20 ml Olivenöl

5 g Salz

Belag:

250 g Crème fraîche

1 Ei

Salz, Pfeffer

200 g Ziegenfrischkäse

200 g Zwiebel

100 g Lammhackfleisch

4 frische Feigen

100 g Rucola

> Mehl, Wasser, Olivenöl und Salz zu einem glatten Teig verkneten. Den Teig zu 4 kleinen Bällchen formen und zugedeckt 30 Minuten kühl stellen. Dann mit einem Rollholz länglich dünn ausrollen.

> Crème fraîche, Ei, Salz und Pfeffer verrühren und auf dem Teig verteilen.

> Ziegenfrischkäse in Scheiben schneiden. Zwiebeln schälen und in Streifen schneiden. Zwiebelstreifen, Lammhackfleisch und Käse auf dem Teig verteilen.

> Feigen in Ecken schneiden und ebenfalls auf den Teig legen. Den Flammkuchen im vorgeheizten Backofen bei 220 °C (Unterhitze) ca. 10 Minuten backen.

> Rucola waschen und auf dem gebackenen Flammkuchen verteilen.

Weitere Geschmacksvarianten:

> Schalotten, Lammhackfleisch, getrocknete Aprikosenwürfel, Radicchio

> rote Zwiebeln, geschnittene Salami oder Schinkenreste, Kürbis, Feldsalat

TIPP Den Grundteig können Sie auch gut mit Dinkelmehl herstellen. Eventuell benötigen Sie dann aber auch etwas mehr Wasser.

TIPP Um Zeit zu sparen, können auch fertige Tortilla-Wraps belegt und im Backofen gebacken werden.

LAMM-BUCHTELN

☆ Mittel Zubereitungszeit: 3 Stunden, Garzeit: 20 Minuten Für 6 Personen

Buchtelteig:

500 g Mehl
35 g Zucker
5 g Backpulver
20 ml Öl
25 g Hefe
300 ml Wasser
10 g Salz
150 g Sesam

Füllung:

300 g Lammfleisch
5 g Salz
1–2 Frühlingszwiebeln
1–2 Stängel Koriandergrün
10 g Mondamin
Pfeffer

> Mehl, Zucker, Backpulver, Öl, Hefe, Wasser und Salz in der Küchenmaschine verkneten und ca. 2 Stunden ruhen lassen.

> Für die Füllung das Lammfleisch in feine Würfel schneiden und mit dem Salz in einer Schüssel fest verkneten. Frühlingszwiebeln und Koriander waschen, putzen, fein schneiden und dazugeben.

> Mondamin unterkneten und die Masse mit Pfeffer und Salz abschmecken.

> Den Teig ausrollen und ca. 7 cm große Kreise ausstechen. Jeweils 20 g große Fleischportionen auf die Kreise geben und einschlagen.

> Die Kugeln mit Wasser bepinseln, durch Sesam rollen und dicht in eine Backform legen. An einem warmen Ort 20 Minuten gehen lassen und anschließend im Backofen bei 180 °C ca. 20 Minuten backen.

TIPP **Natürlich können Sie die Füllungen variieren. Die Buchteln lassen sich super vorbereiten, sehen toll aus und mit einem Dip schmecken sie auch sehr gut.**

FRÜHLINGSROLLEN

Einfach | Zubereitungszeit: 20 Minuten, Garzeit: 15 Minuten | Für 6 Personen

6 Wan-Tan-Teigblätter
600 g Wurstbrät (Seite 58)
Fett zum Frittieren

- Die Wan-Tan-Teigblätter mit der Wurstfüllung oder einer anderen Brätmasse füllen.
- In der Fritteuse bei Bedarf ausfrittieren und mit verschiedenen Dips servieren.

TIPP Ein schönes Gericht, da man Überbleibsel vom Lamm gut verarbeiten kann. Frühlingsrollen lassen sich gut auf Vorrat herstellen und einfrieren, dadurch habe ich eine schnelle Vorspeise oder nettes Fingerfood immer schnell fertig, da ich die Röllchen im gefrorenen Zustand in die Fritteuse geben kann.

LAMM-PIE

☆ Einfach ◷ Zubereitungszeit: 20 Minuten, Garzeit: 30 Minuten Ergibt 6 Gläser à 200 g

600 g Kartoffeln

Salz

1200 g Lammragout (Seite 92)

800 g Blätterteig

Ei

> Kartoffeln schälen und würfeln. Die Kartoffelwürfel in Salzwasser garen und anschließend mit dem Lammragout in Gläser oder andere Formen füllen. Kühl stellen.

> Den Blätterteig 3 mm dünn ausrollen und ca. 2 cm größer ausstechen als die eigentliche Form ist.

> Den zugeschnittenen Blätterteig als Deckel über den Rand legen und an der Seite andrücken.

> Mit Ei bestreichen und im Backofen bei 220 °C ca. 20 Minuten backen.

CORDON BLEU VON DER LAMMKEULE

Einfach | Zubereitungszeit: 30 Minuten, Garzeit: 30 Minuten | Für 4 Personen

500 g Lammkeule aus der Oberschale

2 Tomaten

8 dünne Scheiben Schinken

8 Salbeiblätter

50 g Parmesan

Salz, Pfeffer

1–2 trockene Brötchen

etwas Bärlauch oder Petersilie

Mehl

1–2 Eier

Fett zum Braten

Ratatouille:

50 g Zwiebel

2 Knoblauchzehen

Olivenöl

1 gelbe Paprika

1 rote Paprika

200 g passierte Tomaten

2 mittelgroße Zucchini

> Aus der Oberschale 8 Schnitzel schneiden und plattieren. Die Tomaten in 8 Scheiben schneiden.

> Die Schnitzel mit jeweils 1 Scheibe Schinken, 1 Blatt Salbei, 1 Tomatenfilet und etwas Parmesankäse belegen. Dann zuklappen und mit Salz und Pfeffer würzen.

> Getrocknete Brötchen mit Bärlauch oder Petersilie fein mixen, bis die Semmelbrösel grün werden.

> Schnitzel zuerst in Mehl wenden, dann beidseitig durch verrührtes Ei ziehen und in den grünen Semmelbröseln panieren. In einer Pfanne mit heißem Öl von beiden Seiten ausbacken.

> Für das Ratatouille Zwiebel und Knoblauch schälen, in feine Würfel schneiden und mit etwas Olivenöl anschwitzen.

> Paprika putzen, in Würfel schneiden, zugeben, kurz mitschwitzen und mit etwas Salz und Pfeffer würzen. Passierte Tomaten zugeben und 3 Minuten kochen lassen.

> Zucchini putzen, in Würfel schneiden, zugeben und ca. 1–3 Minuten mitkochen. Das Ratatouille mit Salz und Pfeffer abschmecken und zum Cordon bleu servieren.

TIPP **Ich serviere in meiner Küche gerne zwei verschiedene Fleischteile auf einem Teller. Dadurch lässt sich die Vielfalt besser zeigen.**
Mit einem Pesto können Sie dem Ratatouille einen zusätzlichen Pfiff verleihen.

VOM GRILL: BBQ

Lammkoteletts vom Grill kennt jeder, doch auch ein Schafsrücken oder ein ausgelöster Lammnacken am Stück eignet sich hervorragend für ein größeres Grillevent mit Freunden oder der Familie.

LAMMNACKEN BUTTERFLY VOM GRILL

Mittel Zubereitungszeit: 20 Minuten, Garzeit: 1 Stunde 10 Minuten Für 6 Personen

1 Lammnacken mit Knochen (ca. 800 g)

2 Rosmarinzweige

Salz

3–4 EL mediterranes Gewürzöl (Seite 55)

Backpapier

Alufolie

> Den Lammnacken von einer Seite so auslösen, dass er an der Oberseite mit der Sehne zusammenhält.
> Rosmarinzweige in die Mitte auf das Fleisch legen und mit Salz und mediterranem Gewürzöl würzen. Das Fleisch wieder in Form legen und zuerst in Backpapier und dann in Alufolie einwickeln.
> Langsam auf dem Grill bei ca. 100 °C 1 Stunde garen.
> Danach Folie und Backpapier entfernen, die Grilltemperatur erhöhen und die Außenseite bei starker Hitze auf dem Grill bräunen. Die Innenseite sollte keine Hitze abbekommen und langsam von unten durchgaren.

TIPP **Als Sauce serviere ich gerne Barbequesauce mit Ducca (Seite 50).**

GEGRILLTE LAMMHÜFTE MIT BÄRLAUCHSPINAT

Mittel · Zubereitungszeit: 24 Stunden, Garzeit: 1 Stunde · Für 6 Personen

6 Lammhüften
Pfeffer aus der Mühle
50 ml Olivenöl
Rosmarinzweig
3 Knoblauchzehen
300 g Bärlauch
150 g Kirschtomaten
Salz

> Die Lammhüften mit Pfeffer, Olivenöl und Rosmarin in den Vakuumbeutel geben. Knoblauch schälen, in Scheiben schneiden, zugeben, den Beutel schließen und im Vakuum gute 24 Stunden darin marinieren.

> Dann die Lammhüften bei 55 °C im Wasserbad 45 Minuten garen und anschließend in der Grillpfanne oder auf dem Grill von beiden Seiten grillen.

> Den Bärlauch waschen, die Tomaten halbieren. Olivenöl in einer Pfanne erhitzen. Tomaten und Bärlauch zugeben, mit Salz und Pfeffer würzen und zu den Lammkoteletts servieren.

GEFÜLLTE TOMATE MIT ZUCCHINI

Einfach · Zubereitungszeit: 20 Minuten, Garzeit: 10 Minuten · Für 6 Personen

3 Tomaten
Salz
Pfeffer
2 Zucchini
20 g Olivenöl
2 Zweige Thymian
Parmesan

> Die Tomaten halbieren, mit einem Löffel das Kerngehäuse auslöffeln und mit Salz und Pfeffer würzen.

> Die Zucchini mit einem Hobel in dünne Streifen schneiden und mit Salz, Pfeffer, Olivenöl und gehacktem Thymian vermengen und 15 Minuten Saft ziehen lassen.

> 3 gehobelte Zucchinistreifen zu einer Rolle einrollen und in eine halbierte Tomate geben.

> Mit geriebenem Parmesan bestreuen und im Ofen bei 200 °C ca. 10 Minuten backen.

SCHAFSRÜCKEN IM FETTMANTEL GEGRILLT MIT AIOLISAUCE

Mittel | Zubereitungszeit: 20 Minuten, Garzeit: 30 Minuten | Für 6 Personen

900 g Schafsrückensattel

Salz, Pfeffer

Bohnenkraut, gehackt

Aiolisauce:

5 Knoblauchzehen

100 g Salatmayonnaise

50 g Crème fraîche oder Joghurt

Salz, Pfeffer

Petersilie, gehackt

50 ml Olivenöl

> Das Sattelstück auslösen und vom Fett befreien. Den Fettmantel beiseitelegen. Das Fleisch mit Salz, Pfeffer und gehacktem Bohnenkraut würzen.

> Das Fleisch in den Fettmantel einrollen und mit Rouladenspießen fixieren. Auf dem Grill bei mittlerer Hitze von allen Seiten grillen. Das Fett schützt den Schafsrücken vor der großen Hitze, gleichzeitig wird das Fett ausgegrillt und schön kross. Dies dauert rund 30 Minuten

> Für die Aiolisauce den Knoblauch schälen, hacken und mit Mayonnaise und Crème fraîche vermengen.

> Mit Salz, Pfeffer, gehackter Petersilie und dem Olivenöl abschmecken.

TIPP Als Beilage können Sie im Sommer einen Bohnensalat und im Winter Bohnengemüse reichen. Zusätzlich serviere ich gerne Couscous oder Bulgur zu diesem Gericht, da sie sich sehr gut vorbereiten lassen.

LAMMSPIESSE

Mittel · Zubereitungszeit: 40 Minuten, Marinierzeit: 3 Stunden, Grillzeit: 15 Minuten
Für 6 Personen

1 getrocknete Chilischote
10 g Rauchsalz
15 g Koriander
10 g Kreuzkümmel
50 ml Öl
200 g rote Zwiebeln
1200 g Lammfleisch aus dem Nacken oder Keule

> Für die Marinade Chili, Rauchsalz, Koriander und Kreuzkümmel im Mörser zerreiben. Das Öl zugeben.
> Das Lammfleisch in ca. 2 cm breite Würfel schneiden, mit der Marinade vermengen und ca. 3 Stunden darin marinieren.
> Zwiebeln mit der Schale auf einem Blech im Backofen bei 180 °C oder auf dem Grill ca. 30 Minuten garen. Anschließend die Zwiebeln schälen und achteln.
> Abwechselnd Fleischwürfel und Zwiebelstücke auf die Spieße stecken. Die Spieße auf dem Grill von allen Seiten scharf grillen.

TIPP **Dazu passt hervorragend die schwarze Bohnensauce (Seite 47).**

GEMÜSEDIP

Zubereitungszeit: 15 Minuten · Für 6 Personen

20 g Zwiebel
1 Knoblauchzehe
100 g Gurke
100 g Tomate
150 g gelbe Paprika
20 ml Distelöl
Salz, Pfeffer
weißer Balsamicoessig
3 Korianderblättchen, gehackt

> Zwiebel und Knoblauch schälen. Gurke, Tomate und Paprika waschen und putzen. Alles in feine Würfel schneiden.
> Zwiebel und Knoblauch in Distelöl anbraten und in eine Schüssel füllen. Gurken-, Tomaten- und Paprikawürfel zugeben und vermischen.
> Mit Salz, Pfeffer, Balsamico und dem Koriander abschmecken.

LAMMKOTELETTES GEGRILLT

Einfach · Zubereitungszeit: 8 Stunden, Grillzeit: 10 Minuten · Für 6 Personen

900 g Lammkotelettes
Olivenöl
10 Thymianzweige
3 Knoblauchzehen
Salz, Pfeffer

> Die Lammkotelettes mit Olivenöl einreiben.

> Thymianblättchen abzupfen und Knoblauch schälen. Thymian und Knoblauch klein schneiden und damit die Lammkotelettes einreiben und über Nacht darin marinieren.

> Die Lammkotelettes bei Bedarf mit Salz und Pfeffer würzen und auf dem Grill von beiden Seiten jeweils 3 Minuten grillen.

IM VAKUUM GEGART

Sous-vide gegartes Fleisch ist saftig und zart, so wie man es mit keiner anderen Zubereitungsart hinkriegt. Für den Anfang benutzen Sie am besten Ihren Dämpfer und wenn Ihnen die Garmethode zusagt, und Sie Spaß dran haben, können Sie immer noch ein Sous-vide-Gerät anschaffen.

LAMMRÜCKEN IN ARGANÖL GEGART UND MIT CHORIZOKRUSTE GRATINIERT

☆ Mittel · Zubereitungszeit: 20 Minuten, Garzeit: 30 Minuten · Für ca. 6 Personen

900 g Lammrückenfilet (Lammlachse)

Salz, Pfeffer

50 ml Arganöl

Chorizokruste:

200 g weiche Butter

100 g Chorizo

1 Ei

3 EL Petersilie, gehackt

80 g Semmelbrösel

Salz, Pfeffer

scharfes Paprikapulver

> Lammlachse mit Salz und Pfeffer würzen, in einer Pfanne kurz von beiden Seiten anbraten und kalt stellen. Das abgekühlte Fleisch mit dem Arganöl in einen Beutel geben und vakuumieren.

> Das Lamm bei 60 °C ca. 20–30 Minuten im Wasserbad garen.

> Für die Chorizokruste die weiche Butter in eine Schüssel geben. Chorizo würfeln. Chorizo, Ei, Petersilie und Semmelbrösel hinzufügen und vermischen. Mit Salz und Pfeffer, eventuell auch scharfem Paprikapulver abschmecken und zwischen zwei Folien gleichmäßig dünn ausrollen. Kühl stellen.

> Lammlachse aus dem Beutel nehmen. Die Chorizokruste auf das gegarte Fleisch legen und im Backofen mit starker Oberhitze oder Grillfunktion ca. 2–5 Minuten goldbraun gratinieren.

TIPP **Dieses Gericht kann vielfältig abgewandelt werden. Sie können andere Öle verwenden und natürlich kann man auch andere Zutaten für die Kruste nehmen. Als Beilage schlage ich Rosmarinkartoffeln und Fenchelgemüse (Seite 151) vor.**

GERÄUCHERTES SCHÄUFELE VOM SCHAF

Ambitioniert · Zubereitungszeit: ca. 1 Stunde, Marinierzeit: ca. 6 Tage, Garzeit: ca. 12 Stunden
Für 4–6 Personen

- 3 Knoblauchzehen
- 5 Thymianzweige
- 30 g Pökelsalz
- 10 g Rohrohrzucker
- 12 Wacholderbeeren
- 10 Pfefferkörner
- 2 Nelken
- 1000 g Schafschulter

> Knoblauch schälen. Thymianblättchen abzupfen. Pökelsalz, Rohrohrzucker, Wacholderbeeren, Pfefferkörner, Nelken, Knoblauchzehen und Thymian im Mörser zerreiben.

> Die Schafschulter damit einreiben und anschließend vakuumieren. Im Kühlschrank ca. 6 Tage darin marinieren.

> Dann die Schafschulter im Vakuumbeutel bei 75 °C im Wasserbad ca. 12 Stunden garen. Anschließend aus dem Beutel nehmen und im Räucherofen oder Smoker bei 80 °C 50 Minuten warm räuchern.

LAMMHERZ

Mittel · Zubereitungszeit: 10 Minuten, Garzeit: 3 Stunden · Für 4 Personen

- 4 Lammherzen (halbiert)
- Sesamöl
- abgeriebene Schale von ½ Zitrone
- Szechuanpfeffer
- Sesam
- Pfeffer
- Flor de sal

> Lammherzen mit Sesamöl, Zitronenabrieb und Szechuanpfeffer in einen Beutel geben und vakuumieren. Dann im Wasserbad bei 60 °C 3 Stunden garen.

> Anschließend Lammherzen in einer Pfanne kurz anbraten und mit frisch gemahlenen Pfeffer und Flor de sal würzen.

TIPP **Dazu passt ein gemischter Salat und etwas Brot. Lammherz ist eine schöne Vorspeise, kann aber auch als Hauptgericht serviert werden.**

SCHAFSBAUCH SOUS-VIDE MIT SALBEI

Mittel   Zubereitungszeit: 40 Minuten, Garzeit: 24 Stunden   Für 6 Personen

1000 g Schafsbauch
10 g Salz
2 g Zucker
10 Blätter Salbei, gehackt
Chiliflocken
50 ml Balsamicoessig
20 ml Sojasauce

> Schafsbauch mit Salz, Zucker, gehacktem Salbei und Chiliflocken würzen. Dann übereinander zu einem Päckchen einschlagen und in einen Vakuumierbeutel legen.

> Balsamicoessig und Sojasauce zugeben und vakuumieren. Ins Wasserbad legen, mit einem passenden Stein beschweren und bei 75 °C 24 Stunden garen

> Den Lammbauch in gleich große Stücke schneiden und im abgekühlten Zustand auf dem Grill oder im Backofen mit Oberhitze grillen.

TIPP **Hierzu passt die herzhafte Schokoladensauce (Seite 44). Als Gemüsebeilage reiche ich gebratenen Mais.**

GEBACKENE LAMMSCHULTER MIT KRÄUTER-SEMMELBRÖSEL

☆ Ambitioniert ◷ Zubereitungszeit: 1 Stunde, Garzeit: 24 Stunden Für 4 Personen

2 Knoblauchzehen
2 Zweige Rosmarin
2 Zweige Thymian
1 Lammschulter (ausgelöst)
Salz, Pfeffer
20 ml Gewürzöl (Seite 55)
2 Brötchen
Blattpetersilie oder Bärlauch
Mehl
1 Ei
Butterschmalz oder Pflanzenfett

> Knoblauch schälen und klein schneiden. Rosmarin und Thymian zupfen und hacken. Ausgelöste Lammschulter mit Salz, Pfeffer und Knoblauch würzen. Dann mit Rosmarin und Thymian einreiben und flach als Rechteck in einen Vakuumbeutel geben.

> Das Gewürzöl zugeben, vakuumieren und anschließend im Dampf bei 70 °C 24 Stunden garen. Im abgekühlten Zustand das Fleisch in längliche Riegel schneiden.

> Getrocknete Brötchen mit Bärlauch oder Petersilie fein mixen, bis die Semmelbrösel grün werden.

> Das Fleisch zuerst in Mehl wenden, dann beidseitig durch verrührtes Ei ziehen und anschließend in den grünen Semmelbröseln panieren. In einer Pfanne in Butterschmalz oder Pflanzenöl ausbacken.

TIPP **Als Beilage eignen sich Kartoffelgratin (Seite 143) und Zucchini mit sautierten Kirschtomaten. Eine Rosmarinsauce rundet dieses Gericht nochmal ab.**

ZICKLEINKEULE MIT SEMMELKNÖDELFÜLLUNG

Mittel · Zubereitungszeit: 1 Stunde, Garzeit: 4 Stunden · Für 6 Personen

2000 g Zickleinkeule
Salz, Pfeffer
Harissa
500 g getrocknete Brötchen
700 ml lauwarme Milch
50 g Butter
30 g Speckwürfel
80 g Zwiebelwürfel
½ Bund junger Lauch
4 Eier
Muskat
10 g Zatar
50 ml Olivenöl
100 g Sellerie
150 g Karotten
600 ml Fond
300 ml Rotwein
6 Salbeiblätter
Speisestärke zum Binden
100 g kalte Butter

> Die Knochen aus der Keule herauslösen und eine etwas größere Tasche zum Befüllen schneiden. Mit Salz, Pfeffer und Harissa würzen.

> Brötchen klein schneiden, mit lauwarmer Milch übergießen und ziehen lassen.

> In der Butter Speck und 30 g Zwiebeln anschwitzen. Lauch waschen und klein schneiden. Eier, abgekühlte Speck- und Zwiebelwürfel und Lauch zur Brötchenmasse geben und mit Salz, Pfeffer, Muskat und Zatar würzen.

> Die Keule mit der Brotfüllung füllen, vakuumieren und im Wasserbad bei 65 °C 3 Stunden garen. Anschließend mit Olivenöl anbraten.

> 50 g Zwiebeln, Sellerie und Karotten in Würfel schneiden und anbraten. Mit Fond und Rotwein auffüllen und um die Hälfte reduzieren lassen.

> Salbeiblätter in Streifen schneiden. Die Sauce mit Salbei, Salz und Pfeffer abschmecken. Dann mit angerührter Speisestärke binden und die kalte Butter untermontieren.

TIPP **Die restliche Semmelknödelfüllung kann in Muffinformen im Backofen mitgebacken werden. Man kann die Keule auch im Backofen Bei 150 °C etwa 1 Stunde garen und währenddessen immer wieder mit Bratensaft begießen.**

LIEBHABERGERICHTE

Innereien wie Leber, Gerichte mit Zunge oder Hirn, Kutteln oder Hoden sind nicht jedermanns Sache, aber für diejenigen, die grundsätzlich offen für Neues sind, sind diese Liebhabergerichte vom Lamm eine Köstlichkeit.

LAMMLEBER GEBRATEN MIT BALSAMICO-ZWIEBELN, SÜSSKARTOFFEL UND APFEL

☆ Einfach Zubereitungszeit: 30 Minuten, Garzeit: 45 Minuten Für 4 Personen

400 g Süßkartoffel
200 g Apfel
20 g Ingwer, gehackt
Salz, Pfeffer

Balsamico-Zwiebeln:

200 g Zwiebeln
200 g dunkler Balsamicoessig
3 TL Zucker
Salz, Pfeffer
4 g Anissamen
Butter

Leber:

1 Lammleber (ca. 600 g)
Salz, Pfeffer
Mehl
10 g Öl
40 g Butter
4–8 Salbeiblätter

> Süßkartoffel schälen, klein schneiden, in Salzwasser gar kochen. Dann das Wasser abschütten.
> Apfel entkernen, würfeln und mit dem Ingwer andünsten.
> Süßkartoffel stampfen und mit den Apfelwürfeln vermischen. Mit Salz und Pfeffer abschmecken.
> Für die Balsamico-Zwiebeln die Zwiebeln schälen, in Viertel schneiden und mit Balsamico, Zucker, Salz, Pfeffer und Anissamen weich kochen, bis die Flüssigkeit fast verkocht ist. Mit etwas Butter die restliche Flüssigkeit binden.
> Die Leber in 4 Stücke schneiden. Mit Salz und Pfeffer würzen und in Mehl wenden.
> In einer Pfanne mit Öl, Butter und den Salbeiblättern von beiden Seiten kurz anbraten und im Ofen bei 80 °C ca. 15 Minuten ziehen lassen. Die Leber in Scheiben schneiden und mit dem Süßkartoffelstampf und den Zwiebeln anrichten.

TIPP Dies ist für mich ein Einsteigergericht, um auf den Geschmack von Innereien zu kommen. Es würde mich freuen, wenn Sie danach auch andere Innereien verarbeiten. Selbstverständlich passt der Süßkartoffelstampf mit den Zwiebeln auch hervorragend zu einem gegrillten Lammsteak oder einer anderen Leber.

GEBACKENE LAMMZUNGE MIT ERBSENCREMESAUCE UND PAPRIKAGEMÜSE

☆ Mittel Zubereitungszeit: 30 Minuten, Garzeit: ca. 2 Stunden Für 4 Personen

8 Lammzungen
1 Zwiebel
1 Lorbeerblatt
1 Nelke
Salz
200 g Toastbrot
50 g Blattpetersilie
2 Zweige Thymian
Pfeffer
Mehl
Ei
Fett zum Ausbacken

Erbsencremesauce:

100 g Sahne
100 g Gemüsefond
250 g tiefgekühlte Erbsen
Salz, Pfeffer
Muskat
weißer Portwein
eventuell etwas Butter

Paprikagemüse:

50 g Schalotten
300 g rote Paprika
300 g gelbe Paprika
6 g Salz
1 g Zucker
10 ml Olivenöl
Pfeffer

> Die Lammzungen in Salzwasser mit der Zwiebel, Lorbeer und Nelke in 60–90 Minuten weich kochen. Wenn man die Zungenspitze eindrücken kann, ist die Zunge meistens gar. Danach die Haut abziehen und abkühlen lassen. (Erst wenn die Zungen weich sind, lässt sich die Haut gut abziehen.)

> Das Toastbrot mit der Petersilie und den Thymianblättchen in einer Küchen-Moulinette fein hacken.

> Die Zungen mit Salz und Pfeffer würzen. Zuerst in Mehl, dann in Ei und zuletzt in den grünen Toastbröseln wenden und in der Fritteuse oder in einer Pfanne mit viel Fett ausbacken.

> Für die Erbsencremesauce Sahne und Gemüsefond aufkochen. Die Erbsen zugeben, alles fein mixen, durch ein Sieb passieren und mit Salz, Pfeffer, Muskat und Portwein abschmecken. Bei Bedarf etwas Butter unterrühren.

> Für das Paprikagemüse die Schalotten schälen und die Paprika putzen. Schalotten und Paprika in feine Würfel schneiden und in einen Topf geben. Salz und Zucker hinzufügen und ca. 15 Minuten Saft ziehen lassen.

> Dann das Öl zugeben und im Topf ca. 5 Minuten sautieren. Mit Pfeffer abschmecken.

TIPP Die gebackene Lammzunge ist auch eine schöne Einlage für eine Suppe.

LAMMKUTTELN MIT ZUCCHINI UND TOMATE

☆ Einfach Zubereitungszeit: 30 Minuten, Garzeit: 1 Stunde 30 Minuten Für 4 Personen

300 g Kutteln

Salz, Pfeffer

Essig, Olivenöl

1 Spickzwiebel (Zwiebel gespickt mit Lorbeerblatt und Nelke)

4 Tomaten

200 g Tomatensauce (Seite 45)

50 g geriebener Parmesan

300 g Zucchini

10 g Dost

> Kutteln in feine Streifen schneiden, in Salzwasser mit einem Schuss Essig und der Spickzwiebel 1 Stunde weich kochen.

> Von den Tomaten den Deckel abschneiden und die Kerne herauslöffeln. Kerne und den in Würfel geschnittenen Deckel zur Tomatensauce geben und zum Kochen bringen.

> Gegarte Kutteln abgießen, in die Tomatensauce geben und die Mischung in die ausgehöhlten Tomaten füllen. Mit dem geriebenen Parmesankäse bestreuen und bei 250 °C ca. 10 Minuten im Backofen überbacken.

> Zucchini der Länge nach halbieren und in lange Streifen schneiden. In einer Pfanne mit etwas Olivenöl, Salz, Pfeffer und dem gehackten Dost ca. 3 Minuten braten.

RAGOUT VON DER LUNGE MIT WEISSEM BALSAMICO

☆ Einfach Zubereitungszeit: 20 Minuten, Kochzeit: 60 Minuten Für 4 Personen

1 Lammlunge

100 ml weißer Balsamico

2 Nelken

1 Zwiebel

1 Lorbeerblatt

1 Rosmarinzweig

200 g Möhren, geschält

100 g Sellerie, geschält

200 g Lauchstreifen

30 g Butter

30 g Mehl

200 ml Kochfond

200 g Sahne

Salz, Pfeffer

> Die Lunge waschen und in einem Topf mit weißem Balsamico und Wasser bedecken. Nelken, Zwiebel, Lorbeerblatt und Rosmarinzweig hinzugeben 30 Minuten kochen.

> Möhren und Sellerie zugeben und mit der Lunge weitere 20 Minuten kochen lassen.

> Nach dem Kochen die festen Adern der Lunge herausschneiden und die restliche Lunge mit dem Gemüse in Würfel schneiden und beiseite stellen.

> Lauchstreifen mit der Butter im Topf anschwitzen. Das Mehl zugeben und verrühren.

> Die Kochflüssigkeit und die Sahne zugeben, aufkochen lassen und mit Salz und Pfeffer abschmecken.

> Dann die gewürfelte Lunge mit dem geschnittenen Gemüse zugeben und mit Reis oder Nudeln servieren.

LAMMBALLS IN DER PAPILLOTE GEGART MIT ZUCCHINI, TOMATEN UND KICHERERBSEN

Einfach · Zubereitungszeit: 10 Minuten, Garzeit: 15 Minuten · Für 1 Personen

2 Lammhoden

2 Scheiben Speck

1 Tomate

1 kleine Zucchini

1 Knoblauchzehe

Salz, Pfeffer

20 g Basilikum-Pesto (Seite 48)

1 Zweig Rosmarin

50 g gekochte Kichererbsen

1 Ei

2 Backpapierbögen (20 x 40 cm)

> Die Lammhoden mit den Speckscheiben umwickeln.

> Tomate und Zucchini in Scheiben schneiden und auf dem Backpapier schichten. Knoblauch schälen und klein schneiden. Das Gemüse mit Salz, Pfeffer, Knoblauch und Basilikum-Pesto würzen.

> Die Lammhoden auf das Gemüse setzen. Rosmarin dazulegen und die Kichererbsen drüberstreuen.

> Dann das Backpapier mit etwas Ei einstreichen und fest verschließen. Im Backofen bei 150 °C ca. 15 Minuten garen.

HIRN-QUICHE MIT LAUCH

☆ Mittel Zubereitungszeit: 40 Minuten, Backzeit: 20 Minuten Für 4 Personen

Belag:

200 g Hirn
200 g Lauch
20 g Butter
Salz
2 Eier
200 g Sahne
Pfeffer
Muskat
50 g geriebener Pecorino

Teig:

150 g weiche Butter
50 g Quark
300 g Mehl
1 Ei
1 Prise Backpulver
4 g Salz
Muskat

> Das Hirn 30 Minuten in kaltes Wasser legen.

> Für den Teig Butter, Quark, Mehl, Ei, Backpulver, Salz und Muskat zu einem festen Teig verkneten und 10 Minuten ruhen lassen.

> Den Lauch waschen, putzen, in feine Streifen schneiden und in einem Topf mit etwas Butter und Salz andünsten.

> Den Mürbeteig ausrollen und in Tartelette-Formen oder Ringe legen. Den gedünsteten Lauch daraufgeben. Das Hirn abtropfen lassen und auf den Lauch legen.

> Eier mit Sahne verrühren und mit Salz, Pfeffer, Muskat würzen und auf das Hirn geben, bis es bedeckt ist.

> Mit dem geriebenen Käse bestreuen und im Backofen bei kräftiger Hitze von unten bei 200 °C ca. 20 Minuten backen. Dann aus den Formen nehmen und servieren.

TIPP **Eine wunderbare Vorspeise, die mit einem Feld- oder Löwenzahnsalat hervorragend harmoniert. Dieses wunderbare Stück besticht durch seine Saftigkeit und ist einfach zu schade für die Tonne.**

INNEREIEN VON LAMM MIT PILZEN UND KAROTTENPÜREE

Aufwendig | Zubereitungszeit: 1 Stunde, Garzeit: 4 Stunden | Für 6 Personen

300 ml kräftiger Lammfond (Seite 42/43)

200 g Sahne

Speisestärke zum Binden

Salz, Pfeffer

200 g Champignons

100 g Herbsttrompeten oder Morcheln

Butter zum Braten

Karottenpüree:

500 g Karotten

Salz

100 g Butter

Currypulver

Innereien:

3 gegarte Lammzungen (Seite 134)

3 Lammnieren

Salz, Pfeffer

Butter zum Braten

1 Kalbsbries

600 g Lammleber (Seite 133)

1 Lammherz (Seite 126)

- Den Lammfond mit Sahne aufkochen und mit angerührter Speisestärke leicht abbinden. Mit Salz und Pfeffer abschmecken.
- Champignons und Herbsttrompeten putzen, in einer Pfanne mit etwas Butter anbraten und in die Sauce geben.
- Für das Karottenpüree die Karotten schälen und mit etwas Salz vakuumieren. Im Dampf bei 90 °C ca. 30 Minuten weich garen.
- Anschließend mit der Butter mixen und mit Salz und Curry abschmecken.
- Die gekochte und abgezogene Lammzunge halbieren und in der Sauce erwärmen.
- Lammnieren mit Salz und Pfeffer würzen und in einer Pfanne ca. 2 Minuten anbraten. Dann in die Sauce geben.
- Das Kalbsbries zupfen und in kleine Röschen schneiden. Mit Salz und Pfeffer würzen und in der Pfanne mit etwas Butter 2 Minuten braten. Anschließend ebenfalls in die Sauce geben und warm stellen. Nicht kochen lassen.
- Zum Schluss die Lammleber und das Lammherz jeweils nach Rezept zubereiten und mit allen Zutaten auf dem Teller anrichten.

TIPP **Als Beilage Dinkel-Karotten-Risotto (Seite 145) servieren.**

Bio
Dinkel

WEITERE BEILAGEN, DIE ZU LAMM UND ZICKLEIN PASSEN

Meine Lieblingsbeilagen, die alle wunderbar zu Lamm- und Zickleingerichten passen, habe ich hier zusammengestellt. Ob Fenchel oder Artischocken, ob Mais oder Gnocchi – suchen Sie sich selbst das für Sie passende (Gericht) heraus.

KARTOFFEL-GNOCCHI

Mittel | Zubereitungszeit: 30 Minuten, Garzeit: 45 Minuten | Für 4–6 Personen

800 g mehlig kochende Kartoffeln
1 Eigelb
100 g Mehl
100 g geriebener Parmesan
8 g Salz
Muskat
10 g Thymianblättchen
Olivenöl zum Braten

> Kartoffeln am Vortag im Backofen in der Schale bei 150 °C ca. 40 Minuten garen, dann noch warm schälen und pressen.

> Am nächsten Tag Eigelb, Mehl, Parmesan, Salz, Muskat und Thymian dazugeben und verkneten. In längliche Rollen mit einem Durchmesser von ca. 3 cm formen, dann die Rollen in 2 cm große Stücke schneiden und zu runden Kugeln formen.

> Diese dann über ein Gnocchi-Brett oder mit einer Gabel abrollen und auf ein mit Mehl bestäubtes Blech legen.

> Gnocchi in Salzwasser kochen, bis sie an der Wasseroberfläche schwimmen (ca. 2–3 Minuten). Abkühlen lassen und nach Geschmack in einer Pfanne mit Olivenöl goldgelb braten.

TIPP **Bereiten Sie von dem Rezept die doppelte Menge zu, denn mit der Tomatensauce (Seite 45) und dem Basilikum-Pesto (Seite 48) haben Sie für den nächsten Tag eine schöne vegetarische Alternative.**

KARTOFFELGRATIN

Einfach · Zubereitungszeit: 40 Minuten, Garzeit: 50 Minuten · Für 6 Personen

2,2 kg Kartoffeln
5 g Knoblauch
750 g Sahne
32 g Salz
Pfeffer
Muskat
2 g Thymianblättchen, gehackt
100 g geriebener Parmesan

> Die Kartoffeln schälen, in 2 mm dünne Scheiben hobeln und in eine Auflaufform schichten. Knoblauch schälen und hacken.
> Sahne, Salz, Pfeffer, Muskat, Thymian und Knoblauch aufkochen. Die heiße Sahne über die Kartoffeln gießen.
> Den Parmesan drüberstreuen und im Backofen bei 150 °C ca. 50 Minuten backen.

TIPP **Die Kartoffeln können auch prima mit Zucchinischeiben oder anderen gehobelten Gemüsesorten vermischt werden.**

FENCHEL-KARTOFFEL-PÜREE

Einfach · Zubereitungszeit: 20 Minuten, Garzeit: 30 Minuten · Für 4 Personen

500 g Kartoffeln
400 g Fenchel
Salz
100 ml Milch
20 g Fenchelsamen
100 ml Olivenöl
Pfeffer

> Kartoffeln schälen und klein schneiden. Fenchel waschen, putzen, klein schneiden und das Fenchelgrün beiseitelegen. Kartoffeln und Fenchel in Salzwasser gar kochen.
> Dann das Gemüse durch eine Kartoffelpresse drücken.
> Milch mit gestoßenem Fenchelsamen kurz aufkochen, passieren und zur Kartoffelmasse geben. Alles zu einer homogenen Masse verrühren. Das Olivenöl unterrühren und das Fenchel-Kartoffel-Püree mit Salz und Pfeffer abschmecken.
> Das Fenchelgrün hacken und als Dekoration darüber verteilen.

TIPP **Fenchel-Kartoffel-Püree passt auch zu Fisch. Man kann es auch mit Knoblauch oder kleingeschnittenen Oliven würzen.**

NUDELTEIG

☆ Mittel ⏱ Zubereitungszeit: 30 Minuten 🍴 Für 6 Personen

3 Eigelbe
4 Eier
2 g Salz
10 ml Olivenöl
250 g Hartweizengrieß (Semola)
125 g Mehl Typ 405

> Eigelbe mit den Eiern, Salz und Olivenöl verrühren. Hartweizengrieß und Mehl hinzufügen und verkneten – am besten in einer Knetmaschine mit dem Knethaken.

> Wenn der Teig fest und glatt ist, in Frischhaltefolie wickeln und 20 Minuten ruhen lassen.

> Dann den Teig ausrollen und weiter verarbeiten.

GRATINIERTE ZUCCHINIPOLENTA

☆ Mittel ⏱ Zubereitungszeit: 20 Minuten, Garzeit: 30 Minuten 🍴 Für 6 Personen

1 Knoblauchzehe
750 ml Milch
2 Zweige Thymian, gehackt
1 Zweig Rosmarin, gehackt
80 g Butter
Kristallsalz
Pfeffer
150 g Maisgrieß (Polenta)
150 g Zucchini
30 g geriebener Parmesan
Olivenöl
geriebener Parmesan zum Gratinieren

> Knoblauch schälen und klein schneiden. Milch mit gehacktem Knoblauch, Thymian und Rosmarin aufkochen und 10 Minuten ziehen lassen.

> Butter zugeben und mit Kristallsalz und Pfeffer würzen. Nun unter ständigem Rühren die Polenta zugeben und den Grieß weich kochen. Währenddessen immer weiter rühren, da die Polenta sehr schnell anbrennen kann.

> Zucchini putzen, in Würfel schneiden und in Olivenöl mit Salz und Pfeffer anbraten und zur Polenta geben.

> Parmesan unterrühren und die Masse in Muffinformen oder Ringe füllen. Abkühlen lassen. Dann aus den Formen nehmen, mit etwas zusätzlichem Parmesan bestreuen und unter dem Grill im Backofen gratinieren.

DINKEL-KAROTTEN-RISOTTO

Einfach · Zubereitungszeit: 20 Minuten + 8 Stunden Einweichzeit, Garzeit: 40 Minuten
Für 4 Personen

200 g Dinkelkörner
25 g Schalotten
200 g Karotten
20 g Butter
50 ml Weißwein
600 ml Hühnerbrühe (alternativ 60 g Gemüsepaste (Seite 46) + 600 ml Wasser)
100 g Mascarpone
Salz, Pfeffer
50 g Bärlauch

> Dinkelkörner über Nacht in Wasser einweichen. Schalotten schälen und klein schneiden. Karotten waschen und klein würfeln.

> Schalotten- und Karottenwürfel in einem Topf mit Butter anschwitzen. Eingeweichte Dinkelkörner hinzufügen und mit Weißwein und Brühe weich kochen.

> Zum Schluss den Mascarpone unterrühren, mit Salz und Pfeffer abschmecken. Den Bärlauch waschen, schneiden und untermischen.

TIPP **Sie können die Dinkelkörner auch gerne gegen Weizen oder Grünkern austauschen. Die Karotten kann man prima im Herbst durch Kürbis ersetzen.**

KARTOFFELWAFFELN

Einfach · Zubereitungszeit: 20 Minuten, Garzeit: 20 Minuten · Für 6 Personen

200 g Zwiebeln
150 g Butter
500 g gegarte mehligkochende Kartoffeln
5 Eier
240 g Mehl
6 g Backpulver
10 g Salz
Pfeffer, Muskat, Oregano

> Die Zwiebeln schälen und klein schneiden. Zwiebelwürfel mit der Butter anschwitzen.

> Die gekochten Kartoffeln stampfen und dazugeben. Eier, Mehl, Backpulver, Salz, Pfeffer, Muskat und Oregano zugeben.

> Alles zusammen mit dem Handrührgerät vermengen und portionsweise im Waffeleisen ausbacken.

MAIS-GRAUPEN

Einfach · Zubereitungszeit: 20 Minuten, Garzeit: 30 Minuten · Für 6 Personen

- 50 g Schalotten
- 100 g Karotten
- 50 g Butter
- 250 g Graupen
- 200 ml Weißwein
- 500 ml Gemüsebrühe
- Salz, Pfeffer
- 100 g Sahne
- 300 g Dosenmais
- 20 g Vogelmiere

> Schalotten schälen und klein schneiden. Karotten waschen und klein würfeln. Schalotten- und Karottenwürfel mit Butter anschwitzen.

> Graupen zugeben und mit Weißwein und Gemüsebrühe weich kochen. Mit Salz und Pfeffer würzen.

> Die Sahne schlagen. Wenn die Graupen weich sind, den Mais zugeben und die geschlagene Sahne unterziehen. Die Vogelmiere schneiden und die Mais-Graupen damit garnieren.

TIPP **Anstelle von Dosenmais kann man zum Schluss auch geschnittenen Bärlauch oder etwas kleingewürfelte Blutwurst unterheben.**

RATATOUILLE

Einfach · Zubereitungszeit: 15 Minuten, Garzeit: 30 Minuten · Für 6 Personen

- 200 g Paprika
- 1 Aubergine
- 2 Tomaten
- 1 grüne Zucchini
- 1 gelbe Zucchini
- Olivenöl
- Salz, Pfeffer
- 1 Knoblauchzehe
- 400 g Tomatensauce (Seite 45)
- Basilikumblätter, geschnitten

> Paprika, Aubergine, Tomaten und Zucchini waschen und putzen. Paprika in Stücke, Aubergine, Tomaten und Zucchini in Scheiben schneiden.

> Das Gemüse mit Olivenöl, Salz und Pfeffer würzen. Eine Auflaufform mit einer Knoblauchzehe ausreiben.

> Die Tomatensauce in die Form füllen und mit geschnittenem Basilikum bestreuen. Das Gemüse abwechselnd in die Form schichten und das Ratatouille im Backofen bei 180 °C ca. 30 Minuten garen.

TIPP **Sie können das Gemüse auch in Würfel schneiden und in einem Topf kochen. Dann die Zucchini erst 5 Minuten vor Ende der Garzeit zugeben, damit Farbe und Biss erhalten bleiben.**

ARTISCHOCKEN

☆ Aufwendig Zubereitungszeit: 30 Minuten, Garzeit: 40 Minuten Für 6 Personen

4 große Artischocken
Saft von 2 Zitronen
Salz
100 g Schalotten
100 g Staudensellerie
100 g Karotten
50 ml Olivenöl
250 ml Hühnerbrühe
10 g Korianderkörner
1 Lorbeerblatt
Pfeffer
40 ml Weißwein
Blattpetersilie, gehackt
Koriandergrün, gehackt

> Artischocken putzen, die äußeren Blätter entfernen und innen das Heu herauskratzen. Die Hälfte des Zitronensafts mit Wasser mischen.
> Artischocken vierteln und in das Zitronenwasser legen. Die äußeren Blätter der Artischocken in Salzwasser weich kochen und den Ansatz vom Blatt abkratzen. Beiseitestellen.
> Schalotten schälen. Staudensellerie und Karotten putzen. Schalotten, Staudensellerie und Karotte in kleine Würfel schneiden und eine Hälfte beiseitestellen.
> Restliches Gemüse mit dem abgekratzten Artischockenfleisch in etwas Olivenöl anschwitzen. Hühnerbrühe, Koriander und Lorbeerblatt zugeben und weich kochen. Dann pürieren und passieren.
> Artischockenviertel in etwas Olivenöl anbraten, dann die restlichen Gemüsewürfel zugeben. Mit Weißwein und dem gemixten Gemüsesud ablöschen und gar kochen. Die Flüssigkeit sollte fast verkocht sein und eine sämige Konsistenz haben.
> Mit Salz, Pfeffer, Petersilie, Koriandergrün und restlichem Zitronensaft abschmecken.

OFENGEMÜSE

☆ Einfach Zubereitungszeit: 10 Minuten, Garzeit: 20 Minuten Für 6 Personen

400 g Karotten
200 g Petersilienwurzel
200 g Sellerie
200 g Fenchel
Salz, Pfeffer
20 ml Olivenöl

> Karotten, Petersilienwurzel und Sellerie schälen und in grobe Stücke schneiden.
> Beim Fenchel die äußeren Blätter entfernen und die Fäden ziehen, das Innere in Achtel schneiden. Das Fenchelgrün hacken und beiseitelegen.
> Das Gemüse auf ein Backblech legen, mit Salz und Pfeffer würzen und mit Olivenöl vermischen. Im Backofen bei 180 °C ca. 20 Minuten weich garen.
> Mit Salz und Pfeffer abschmecken und mit gehacktem Fenchelgrün oder anderen frischen Kräutern vermengen.

AUBERGINENSCHNITZEL MIT PAPRIKA

Mittel · Zubereitungszeit: 30 Minuten, Garzeit: 1 Stunde 20 Minuten · Für 6 Personen

3 Auberginen
2 Zweige Thymian
2 Zweige Rosmarin
Petersilie
Salz, Pfeffer
Mehl
1 Ei
Sesam
Olivenöl
3 rote Paprikaschoten

- 1 Aubergine längs halbieren, mit Thymian, Rosmarin und Petersilie belegen, salzen und dann wieder verschließen.
- In Alufolie einwickeln und im Backofen bei 150 °C ca. 1 Stunde garen. Danach das Fruchtfleisch auskratzen und im Mixer fein pürieren.
- Die restlichen Auberginen waschen, putzen und in längliche Scheiben schneiden. Mit Salz und Pfeffer würzen. Die Scheiben zuerst in Mehl wälzen, dann durch Ei ziehen und anschließend in Sesam panieren. In Olivenöl goldbraun braten.
- Paprika schälen, putzen und in gleichmäßige Rechtecke schneiden, mit Salz und Pfeffer würzen, in einer Pfanne leicht anbraten, bis sie weich werden.
- Das Auberginenpüree auf die Sesamschnitzel verteilen und mit den Paprikastücken belegen. Die Schnitzel im Backofen bei 150 °C erwärmen.

TIPP **Diese Beilage kann man gut vorbereiten und sie passt nicht nur zu Lamm.**

KAROTTEN MIT KORIANDER IM BACKPAPIER GEGART

Einfach · Zubereitungszeit: 5 Minuten, Backzeit: 30 Minuten · Für 4 Personen

500 g geschälte Karotten mit Grün
20 ml Sonnenblumenöl
Salz
10 g Korianderkörner

- Die geschälten Karotten auf einen Backpapierbogen legen. Mit Sonnenblumenöl bestreichen und mit Salz und gestoßenem Koriander würzen.
- Dann einschlagen und mit Aluminiumfolie fixieren.
- Im Backofen bei 180 °C ca. 30 Minuten garen. Im Backpapier auf einem Teller servieren.

BOHNEN-TOMATEN-GEMÜSE

Einfach **Zubereitungszeit: 10 Minuten, Garzeit: 20 Minuten** **Für 6 Personen**

500 g breite Bohnen
Salz
100 g Tomaten
30 g Schalotten
50 g Butter
10 g Bohnenkraut, gehackt
Pfeffer

> Bohnen waschen und die Enden knapp abschneiden. Die Bohnen in 1 cm breite Rauten schneiden, in Salzwasser 3 Minuten gar kochen und anschließend in Eiswasser abschrecken (das erhält die Farbe).

> Tomaten waschen, putzen und in würfeln. Schalotten schälen, klein schneiden und mit Butter, Bohnenkraut und Tomatenwürfel anschwitzen.

> Dann die abgekühlten Bohnen zugeben, mit Salz und Pfeffer abschmecken und erwärmen.

LIGURISCHES BOHNENGEMÜSE

Einfach **Zubereitungszeit: 30 Minuten + 8 Stunden Einweichzeit, Garzeit: 30 Minuten**
Für 6 Personen

100 g weiße getrocknete Bohnen
20 g Schalotten
Olivenöl
300 g breite Bohnen
150 g Kartoffeln
150 g Tomaten
50 g Oliven, in Scheiben
5 g Oregano, gehackt
Salz
schwarzer Pfeffer

> Weiße Bohnen in kaltem Wasser 3 Stunden einweichen.

> Schalotten schälen, klein schneiden und in Olivenöl andünsten. Dann die weißen Bohnen samt Einweichwasser dazugeben und in 20 Minuten weich kochen.

> Bohnen waschen und die Enden knapp abschneiden. Die Bohnen in feine Streifen schneiden. Kartoffeln schälen und in 0,5 cm große Würfel schneiden. Grüne Bohnen und Kartoffeln zu den weißen Bohnen geben und weitere 10 Minuten kochen.

> Die Tomaten waschen, in 1 cm große Würfel schneiden und mit den Oliven und dem Oregano zugeben. Alles mit Salz und Pfeffer abschmecken.

FENCHELGEMÜSE

☆ Einfach Zubereitungszeit: 10 Minuten, Garzeit: 10 Minuten Für 6 Personen

700 g Fenchel
400 ml Orangensaft
3–4 Safranfäden
Salz, Pfeffer
Speisestärke zum Binden
100 g kalte Butter
100 ml Pernod oder Pastis
50 g Oliven
20 Kirschtomaten

> Fenchel waschen. Äußere Fenchelblätter halbieren und Fäden ziehen. Fenchelinneres in Viertel schneiden

> Orangensaft mit den Safranfäden aufkochen und mit Salz und Pfeffer würzen. Fenchelstücke dazugeben und leicht bissfest kochen. Fenchelfond mit angerührter Speisstärke abbinden.

> Kalte Butter in Stückchen unterrühren und mit Pernod oder Pastis abschmecken.

> Oliven klein schneiden, Tomaten halbieren. Olivenstücke und Tomaten unter das Fenchelgemüse heben.

TIPP **Anstelle von Orangensaft können Sie auch Apfelsaft verwenden, dann können Sie den Safran weglassen und z. B. auch mit Ras el-Hanout würzen.**

Keule
mit
Haxe
Sattel
Bauch

SERVICE

DER AUTOR

Der gebürtige Westfale hat im Sauerland seine Ausbildung begonnen und in vielen Spitzenrestaurants hervorragende Arbeit geleistet, darunter die Schweizer Stuben in Wertheim-Bettingen, das Schlosshotel Lerbach in Bergisch Gladbach oder das Vieux Sinzig in Sinzig. Seit 2007 arbeitet Detlev Ueter im Gastronomischen Bildungszentrum in Koblenz als Ausbilder und Dozent. Dort gibt er sein Wissen aus der Spitzengastronomie und neue Trends in Seminaren an junge Gastronomen oder angehende Küchenmeister weiter. Vor allem seine Passion für Kräuter oder die Verarbeitung ganzer Tiere, macht ihn zu einem Impulsgeber für viele junge Leute. Die Region Koblenz/Bad Ems ist mittlerweile zur Heimat geworden. Dort ist sein Netzwerk und Wissen für regionale Produkte im Lebensmittelbereich besonders gefragt. Die ganzheitliche Verarbeitung der Tiere „from nose to tail" und der Slowfood-Gedanke sind für ihn eine Herzensangelegenheit.

DANKSAGUNG

Vielen Dank an alle, die mich bei meinem beruflichen Werdegang geformt haben und in mir im Laufe der Zeit den Wunsch reifen ließen, mein Wissen in einem Buch gebündelt zu sehen. Ich denke da gerne an meine ehemaligen Chefs, Kollegen und Freunde.
Als schärfster Kritiker hat mich meine Familie immer sehr unterstützt und, wenn es nötig war, auf den Boden der Tatsachen zurückgeholt.
Vielen Dank auch an all jene, die mir mit Rat und Tat zur Seite standen. Da fallen mir unter anderem Ingo Hilger mit seinen wundervollen Bildern, Martin Darting für das Food Pairing, das Ehepaar Neumann vom Hof Meerheck, Schäfer Günther Czerkus und Schäferei Gierden für die Schaf- und Ziegeninformationen ein. Ein besonderer Dank geht an Brigitte Heuft, die meine Rezepte auf Herz und Nieren geprüft hat.

Für Anna und Sophie

BEZUGSADRESSEN

Genuss vom Schäfer
Geschäftsstelle: Günther Czerkus
Zur Schäferei 1
54675 Wallendorf
Tel.: (06566) 9 30 77
E-Mail: ug@genuss-vom-schaefer.de

ASA Selection GmbH
Rudolf-Diesel-Straße 3
56203 Höhr-Grenzhausen
Tel.: (02624) 189-0
Fax: (02624) 189-36
E-Mail: kontakt@asa-selection.com

Staub ZWILLING J.A. Henckels AG
Grünewalder Straße 14-22
42657 Solingen
Tel.: (0212) 88 20
Fax: (0212) 88 2 300
E-Mail: info@zwilling.com

Die Bezugsquellen für Lamm- und Zickleinfleisch aus deutschen Betrieben sind über die beiden Bundesverbände erhältlich:

Vereinigung Deutscher Landesschafzuchtverbände (VDL) und
Bundesverband Deutscher Ziegenzüchter (BDZ)
Claire-Waldoff-Straße 7
10117 Berlin
Tel.: (030) 31904-540
Fax: (030) 31904-549
E-Mail: s.voell@bauernverband.net
www.schafe-sind-toll.com
www.ziegen-sind-toll.com

Der BDZ hat 2017 eine bundesweite Direktvermarkterübersicht herausgegeben.

QUELLEN

Slow Food Deutschland e. V.
Geschäftsstelle
Luisenstr. 45
10117 Berlin
Tel.: (030) 2 00 04 75-0
Fax: (030) 2 00 04 75-99
E-Mail: info@slowfood.de

Martin Darting
Schloßgasse 1
67157 Wachenheim
Tel.: (06322) 92271
E-Mail: info@martin-darting.de

ZUM WEITERLESEN

Heiko Antoniewicz
Sous-vide
Matthaes Verlag

Heiko Antoniewicz
Flavour Pairing: Das Spiel der Aromen
Matthaes Verlag

Aroma: Die Kunst des Würzens
Thomas A. Vilgis, Thomas Askan Vierich
Stiftung Warentest

SCHNELL NACHGESCHLAGEN

Die in diesem Buch enthaltenen Empfehlungen und Angaben sind von dem Autor mit größter Sorgfalt zusammengestellt und geprüft worden. Eine Garantie für die Richtigkeit der Angaben kann aber nicht gegeben werden. Autor und Verlag übernehmen keine Haftung für Schäden und Unfälle. Bitte setzen Sie bei der Anwendung der in diesem Buch enthaltenen Empfehlungen Ihr persönliches Urteilsvermögen ein. Der Verlag Eugen Ulmer ist nicht verantwortlich für die Inhalte der im Buch genannten Websites.

BILDQUELLEN

Alle Fotos stammen von Ingo Hilger mit Ausnahme der folgenden:
Arco Images/D. Usher: S. 15 (re.)
Haubner, Friedrich: S. 4, 10, 11, 12 (re.), 13 (re.), 14
mauritius images: S. 12 (li.)
Pfeffersack & Soehne: S. 67
Schafzucht: S. 13 (li.), S. 15 (li.)
Ueter, Detlev: S. 51
Die Zeichnungen auf den Seiten 18 und 31 fertigte Helmuth Flubacher.

IMPRESSUM

Bibliografische Information der Deutschen Nationalbibliothek
Die Deutsche Nationalbibliothek verzeichnet diese Publikation in der Deutschen National bibliografie; detaillierte bibliografische Daten sind im Internet über http://dnb.d-nb.de abrufbar.
Das Werk einschließlich aller seiner Teile ist urheberrechtlich geschützt. Jede Verwertung außerhalb der engen Grenzen des Urheberrechtsgesetzes ist ohne Zustimmung des Verlages unzulässig und strafbar. Das gilt insbesondere für Vervielfältigungen, Übersetzungen, Mikroverfilmungen und die Einspeicherung und Verarbeitung in elektronischen Systemen.

2018 Eugen Ulmer KG
Wollgrasweg 41, 70599 Stuttgart (Hohenheim)
E-Mail: info@ulmer.de
Internet: www.ulmer-verlag.de
Konzeption: Christine Hutschenreuther
Lektorat: Anja Fleischhauer, Lisa Seibel
Herstellung: Birgit Heyny
Umschlag-Kozeption: Ruska, Martín, Associates GmbH, Berlin
Umschlag-Entwurf, Layout, Satz: Atelier Reichert, Stuttgart
Reproduktion: timeRay Visualisierungen, Jettingen
Druck und Bindung: Friedrich Pustet GmbH & Co. KG, Regensburg
Printed in Germany

ISBN 978-3-8186-0081-5

ulmer
Günther Dierichs und Sohn Carsten
„Schafhaltung macht Spaß.
Die Tiere und die Natur sind ein perfekter
Ausgleich zu unserem Alltag."
Schafzucht
Magazin für Schaf- und Ziegenfreunde
Schafzucht
Mit Bluefaced Leicester auf dem Weg zum „Prime Lamb"
www.gruener-stellenmarkt.de
Jobbörse für die grüne Branche
Bild / Dierichs
Schafzucht – die einzige überregionale Zeitschrift für alle Schaf- und Ziegenfreunde. 2 x im Monat mit vielen wertvollen Praxistipps und Fachinformationen zu Tiergesundheit, Haltung und Zucht von Schafen und Ziegen.
Ihr Herz schlägt für Schafe und Ziegen?
Jetzt kostenlos probelesen!
Telefon: 0711 4507 - 105 / leserservice@ulmer.de
www.schafzucht-online.de/testabo

HIER KÖNNEN SIE WEITERLESEN:

Geflügel und Kaninchen selbst schlachten.

Wilhelm Bauer. 2016.

126 Seiten, 96 Farbfotos, kart.

ISBN 978-3-8001-0347-8.

Lebensmittelskandale, Gammelfleisch - das hat jetzt ein Ende! Das beste Fleisch ist einfach immer das von einem artgerecht und langsam aufgezogenem Tier, das fachgerecht geschlachtet wurde – und von dem Sie genau wissen, woher es stammt! Sie halten Hühner, Perlhühner, Fasane, Tauben, Wachteln, Puten, Gänse, Enten oder Kaninchen und möchten selbst schlachten? Dann finden Sie in diesem Buch genaue Anleitungen zum Hausschlachten und zum richtigen Zerlegen der Tiere. Der Autor Wilhelm Bauer erläutert, wo Sie schlachten dürfen und welche Schlachtutensilien Sie benötigen. Besser könnten Regionalität und Qualität nicht verknüpft sein.